Sogensha
History Books
創元世界史ライブラリー

フィッシュ・アンド・チップスの歴史

英国の食と移民

パニコス・パナイー 著
栢木清吾 訳

創元社

凡例

一、本書はPanikos Panayi, *Fish and Chips: A History*（Reaktion Books, 2014）の全訳である。ただし読みやすさを考慮し、原文にはない小見出しを入れた。
一、原文中の引用符は「　」で示した。
一、引用文中の［　］内は原著者による補足であり、……は省略を示す。
一、〔　〕内は訳者による補足ないし注記である。
一、書名、雑誌名、新聞名、映画名、テレビ番組名には『　』を付した。
一、引用文献に既訳がある場合も、文脈と語彙の統一をはかるため、訳者が新たに訳出した。参考にした既訳は、注釈および参考文献一覧で明記した。
一、原文中に明らかな間違いがみられたときには訂正の上で訳出した。また読者の理解に資すると考え、訳者の判断で「　」を補った箇所がある。
一、「魚を揚げる料理人」「フライドフィッシュを売る商人」「フィッシュ・アンド・チップス店の店主」等を指すfish fryer（frier）は、「フィッシュ・フライヤー」とそのままカタカナ表記した。

はじめに

ハンスタントン〔ノーフォーク州の海辺の町〕にある店フィッシャーズで、フィッシュ・アンド・チップスに舌鼓を打つネストラス・イオアノウ（2012年8月）

本書は私自身の個人史に深く由来している。両親によると、フィッシュ・アンド・チップスは私が初めて口にした固形の食べもののひとつだったらしい。一九六〇年代初頭、私たちがイズリントンのエセックス・ロードで暮らしていた頃のことである。さすがにそれについては覚えていないが、食べものをめぐる子ども時代の記憶はいろいろとある。たとえば、一九六〇年代半ばにホーンジーに引っ越して以降、毎週金曜にトッテナム・レーンにある同じ店（このジョージズ・フィッシュ・バーは今も健在である）のフィッシュ・アンド・チップスを食べていたこと。この習慣は私の思春期が終わる頃まで続いた。金曜の夕食に関するこの我が家の決め事を疑問に思ったことはなかった。イギリス中の数え切れない家庭と同じことをしていたからである。もし何を食べているかが社会にどれだけ融け込んでいるかの指標になるならば、私たちはすでに――私に至ってはほとんど生まれながらに――真のイギリス人になっていたことになる。学校に行くようになるまで私が英語を喋らなかった事実はここでは脇に置いておきたい。

一九七〇年代末になると、金曜の夜は外で買ってきたものを家で食べるという習慣を守りつつも、私たちは選択の幅を広げるようになった。中国料理やインド料理、フライドチキン、ウィンピー［一九五〇年代からイギリスで店舗展開をしているアメリカのハンバーガー・チェーン。一九七〇年代にマクドナルドが登場するまで最大の規模と人気を誇った］と、次第にフィッシュ・アンド・チップス以外の食べものが買えるようになったからである。それに妹のミライラとロドシアには、私や両親ほどフィッシュ・アンド・チップスへの思い入れがないようだった。だが、食卓の多様化は間違いなく家族全員の総意で決めたことだった。そして一九八〇年代初めには、フィッシュ・アンド・チップスは私にとって魅力的なものではなくなっていた。

一九八九年まで私は実家で暮らしていたが、一九八〇年代にフィッシュ・アンド・チップスを食べた記憶はあまりない。ストーク・オン・トレントやレスター、それからドイツのオスナブリュックで暮らした一九九〇年代についてもそうである。さまざまな種類の持ち帰り料理を食べていたので、たまにはフィッシュ・アンド・チップスを選ぶことはあったが。しかし、ここ一〇年で私は子どもの頃の愛を取り戻した。レスターにある家の近所のオードビー・フィッシュ・バーや、スタンフォード・ブリッジ近くのノース・エンド・ロードにあるカフェ・フィッシュ・バー、あるいはデ・モントフォート大学構内のヘンリー・ヒギンズで、週に一度は――金曜であることはめったにないが――その好物を買って食べているほどである。調査でイギリス国内を旅行するときや、妻のマンディープと田舎で休暇を過ごすときにも、フィッシュ・アンド・チップスを試してみることにしている。「人に説くことは自分でも実践せよ」という諺《ことわざ》を実践しているわけである。

先行文献

本書は、フィッシュ・アンド・チップスに関する数々の先行文献に依拠している。そのうちの五冊について特に言及しておきたい。三冊はフィッシュ・フライヤー〔凡例参照〕が、一冊はジャーナリストが、もう一冊は歴史家が書いたものである。時代的には一九二〇年代から二一世紀初めまでにわたっている。グルメ案内の類はリストから除外した。なお、その手の本のなかで最も有名なのは、一九六六年に初版が出て以降、何度も版を重ねたピエール・ピクトンの『フィッシュ・アンド・チップス美食ガイド』である。

一九二〇年代初頭にウィリアム・ロフタス（「チャットチップ」の筆名でも知られる）が書いた『フィッシュ・フライヤーとその商売』は草分け的な書物だった。ロフタスは全国フィッシュ・フライヤーズ連盟の初代事務長を務めた（同連盟はこの料理の保護とそれに携わる人々の支援を目的とする最も重要な団体で、現在も機関誌『フィッシュ・フライヤーズ・レヴュー』の発行など活発な活動を続けている）。実のところ、『フィッシュ・フライヤーとその商売』は、過去にロフタスが筆名を用いて別の雑誌『フィッシュ・トレーズ・ガゼット』に寄稿した記事をまとめたもので、その商売の歴史を詳述するとともに、副題にあるとおり、「最新のフライドフィッシュ店の開業・経営の仕方」について特に詳しい情報を提供している。このロフタスの著作は、使用するジャガイモの種類から、イギリス経済にとってのその商売の重要性に至るまで、ありとあらゆる事柄について詳細に説明している。

一九三三年にはH・T・リーヴスが、上下二巻で四三一ページに及ぶ大著『現代のフィッシュ・フライヤー』を出した。同書はチャットチップの本と同様の方針のもと、どのようにすれば商売が上手くいくか、美味な食べものを売ることができるかについて主に論じている。一九六八年には、ジャーナリストのジェラルド・プリーストランドが『フライング・トゥナイト』を出版した。この時期には、インド料理や中国料理の持ち帰り専門店がイギリスの大通りに現れはじめ、フライドフィッシュ産業に新たな脅威をもたらしていた。プリーストランドの本はフィッシュ・アンド・チップスの歴史を辿るとともに、その商売の現状分析を行っている。そこではジャーナリストとしての彼の調査技術と、〔史料として〕『フィッシュ・フライヤーズ・レヴュー』誌や『フィッシュ・トレーズ・ガゼット』誌が活用されている。

一九九二年には、社会史家ジョン・K・ウォルトンの『フィッシュ・アンド・チップスとイギリス労働者階級、一八七〇―一九四〇年』が出版された。時代範囲の設定から射程が限定的であるように見えるかもしれないが、ウォルトンが付けた書名が示すとおり、同書はフィッシュ・アンド・チップスと、その料理と最も密接に結びついてきた社会集団とのつながりを明らかにしている。ウォルトンはチャットチップに倣って、二〇世紀初頭のイギリス経済にとってのその商売の重要性に焦点を当てるとともに、フィッシュ・フライヤーたちにも大きな関心を払っている。同書は社会史を代表する傑出した仕事である。出版後には数多くの書評が出た。『フィッシュ・フライヤーズ・レヴュー』誌は一九九二年三月号で同書を暖かく歓迎した。一方、高級紙の反応には同書を見下したような態度が見られ、昔からこの料理そのものに向けられてきた一部の軽蔑的な論評を彷彿とさせるものがあった。一九九二年三月一日付の『オブザーヴァー』紙のデイヴィッド・バックリーは次のような結論を述べた。「ジョン・K・ウォルトンの興味深い社会批評は、苦心を重ねて積み上げられた学術成果の下に埋もれていて消化しにくいが、彼のおかげでフィッシュ・アンド・チップスがちょっと食べたくはなる」。一九九二年二月二九日付の『ガーディアン』紙でマーティン・ウェインライトが注目したのは、フィッシュ・アンド・チップスは労働者階級向けの安価な食料として役立ったという意味で第一次世界大戦でのイギリスの勝利に貢献した、という同書中の一つの主張だけであった。最も冷笑的だったのは、一九九二年四月四日付『タイムズ』紙上にベン・マッキンタイヤーが「脚注の勝利」という見出しの下に書いた書評で、その末尾はこう締めくくられていた。「ウォルトン博士の結論は、意外でも何でもないひとつの事実に還元することができそうである。要するに、イギリスの労働者たちはフィッシュ・アンド・チップスがお好き、ということなのである」。

二〇一〇年に出版されたマーク・ペトルーの『フィッシュ・アンド・チップス』は、ウォルトンの著作以降に出た唯一の重要な本である。ペトルーはギリシア系キプロス移民のフライヤーの息子で、ケンブリッジシャー州チャタリスにある店（ペトルー・ブラザーズ）のオーナーである。二〇〇七年には「フィッシュ・アンド・チップ・ショップ・オブ・ザ・イヤー」の称号を獲得している。ペトルーの本は自叙伝、フィッシュ・アンド・チップスの略史、業界の現状に関する情報が合わさった作りになっている。

本書の特色と構成

職業的な歴史家である私の本は、上記のなかではウォルトンの著作に最も近い。特に方法論の点でウォルトンのものに似ていると言える。彼と同じく私は、フィッシュ・アンド・チップスに関する多くの書籍、雑誌、新聞記事と合わせて、膨大な情報の宝庫である業界誌、なかでも『フィッシュ・フライヤーズ・レヴュー』誌と『フィッシュ・トレーズ・ガゼット』誌の読解を行っている。しかし私は、ウォルトンよりも時間軸を長く設定し、一九世紀半ばから現代にまで及ぶその商売の歴史全体を取り上げている。本書は五章から成り、第1章から第4章ではそれぞれ、「起源」、「発展」、「イギリスらしさ」、「エスニシティ」を取り上げる。そうすることで、フィッシュ・アンド・チップスの歴史についてだけでなく、そのアイデンティティについても理解が深められるようになっている。また、フィッシュ・アンド・チップスがさまざまな外来の要素によって出来上がっていることを明らかにするとともに、その料理が国民的な象徴として持ち上げられていった経緯を辿っていく。「フィッシュ・アンド・チップスの意味」と題した最終章では、イギリス生活におけるその料理の重要性について考察する。

目次

装丁 濱崎実幸

第1章　起源

一九六八年、全国フィッシュ・フライヤーズ連盟（NFFF）と農漁業食糧大臣のお墨付きを得て、フィッシュ・アンド・チップスの起源についての一つの公式的な見解がまとめ上げられた。だが、当初からいくつも問題が見られた。NFFFはすでに一九六五年に「フィッシュとチップスの結婚一〇〇周年」を祝うことを始め、また同年、その料理を売る店のなかで一番の老舗店を探す調査に着手していた。一九六八年九月二六日にチャリング・クロス・ホテルで開催された公式式典では、NFFFからイギリス最古のフィッシュ・アンド・チップス店と認定された、ロンドンのイーストエンドのオールド・フォード・ロード五六〇番の店のオーナーであるデニス・マリンに、農漁業食糧大臣クレドウィン・ジョーンズが記念の銘板《プラーク》を贈呈した。その銘板には、一八六〇年にジョゼフ・マリンが開業し、現在のオーナーのデニス・マリンがおじのアーネスト・マリンから受け継いだその店マリンズこそ、「世界最古のフィッシュ・アンド・チップス店」であると刻まれていた。

NFFFはこの結論を出すまでに、一九六五年に一二〇に及ぶ地方関係団体に連絡し、世界最古のフィッシュ・アンド・チップス店に関して「何か意見があればご教示いただきたいと依頼」していた。候補は二店に絞られた。マリンズと、ランカシャー州のモスリーでリーズが営んでいたリーズィズ・チップド・ポテト・レストランである。だが後者は、NFFFが一九六五年に調査を始めた際に確認したように、それほど以前にはフライドフィッシュを販売していなかったようである。しかしチャリング・クロス・ホテルでの式典中、「ランカシャー州出身の一人の反対者」がリーズの主張を支持し、「ずっと騒がしく抗議しつづけた」のだった。[*1] もっと最近になって、さらに古いチップス店の旧跡であるとして、〔イングランド北西部の〕オールダムにあるトミーフィールド・マーケットに銘板が掲げられた。その銘板には、そこが一八六〇年頃に「イギリス初のフライドチップ」が誕生した場所であり、「フィッシュ・アンド・チップス店と『ファストフード』産業の起源はここまで遡ることができる」と謳われている。[*2]

フィッシュ・アンド・チップスの商売は、一八六〇年代にイングランド北部で発展したという可能性もあるが、ほとんどの証拠は、それがロンドン発祥であると示唆している。だが、この見解を受け入れた場合、フィッシュ・アンド・チップスの起源に関する半公式とも言えるもう一つの説と向き合わねばならなくなる。それは一九世紀のさらに早い時期に目を向けたもので、そこにはヘンリー・メイヒューとチャールズ・ディケンズが関わっている。たとえば、二〇一〇年の『デイリー・エクスプレス』紙のある記事は、「この最古のフィッシュ・アンド・チップス店は一八六〇年にジョゼフ・マリンが開業したというのが通説である」と筆を起こしてから、「チップスはイングランドの北部工業地帯の常食《スティプル・フード》となり、他方のフライドフィッシュはその世紀のもっと早い時期

NFFFからイギリスで最も古いフィッシュ・アンド・チップス店と認定された、ロンドンのイーストエンド、オールド・フォード・ロード560番にあった店のオーナー、デニス・マリン（左）に銘板を贈呈する農漁業食糧大臣クレドウィン・ジョーンズ（右）（1968年９月26日、チャリング・クロス・ホテルにて）

にロンドンのイーストエンドにもたらされていた」と述べ、『オリバー・ツイスト』の作中で「フライドフィッシュの倉庫《ウェアハウス》」が出てくる箇所を引用しているのである。[*3] マシュー・デニソンも同じく二〇一〇年、『デイリー・メール』紙で同じ箇所を引用している。[*4] 一九五七年九月七日付の『タイムズ』紙や一九四九年八月の『フィッシュ・フライヤーズ・レヴュー』誌でもこの部分が引用されている。また、フィッシュ・アンド・チップスに関する一般向けの書籍のなかにも、これを典拠にしているものがある。[*5] このようなディケンズからの――同様にヘンリー・メイヒューからの――引用は、フィッシュ・アンド・チップスについて書かれた最初の歴史論考のなかにすでに見られる。「チャットチップ」の筆名で知られるウィリアム・ロフタスが雑誌記事として書いた文章である。ロフタスは「マンチェスター出身の広い博識を持つフライヤー」で、一九二〇年代には「フィッシュ・アンド・チップス業界を専門とするジャーナリストの草分けとなり」、『フィッシュ・トレーズ・ガゼット』誌に定期的に寄稿していた。彼は特に重要な記事をまとめて、『フィッシュ・フライヤーとその商売』として出版したが、この本は彼が一九二一年に『フィッシュ・トレーズ・ガゼット』誌上で同じタイトルを使って連載していた二五本の記事が元になっていた。[*6] この連載第二回の「フライドフィッシュ業小史」と題された記事に「その商売に関する最古の文字資料」を扱った節があり、そこで『オリバー・ツイスト』と、さらに長くヘンリー・メイヒューの文章が引用されているのである。メイヒューは調査ジャーナリストで、一八四九年から一八五〇年に『モーニング・クロニクル』紙で、ロンドンの裏路地の生活を描いた短い文章を連載していた。メイヒューは、フライドフィッシュの行商人たちの身元を調査してもいる。なお、同時代の同様の資料では、そうした商人たちがユダヤ人であることに焦点が当てられていることが多い。[*7]

1　イギリスにおける魚食とジャガイモ食の初期の歴史

古代・中世の魚食

フィッシュ・アンド・チップスの商売の起源に関する「公式的」な見解に疑義をはさむ理由や証拠はなさそうである。一九世紀後半にこの料理が登場した背景には、さまざまな経済的・技術的発展があった。だが、そうした発展について検討する前に、もっと過去に遡って魚食とジャガイモ食の長い歴史を、特にイギリス諸島での出来事に着目しながら手短にまとめておきたい。史料のなかには（とりわけ一九世紀を通じて散見される、揚げた魚を食べることについて特筆している文字資料を見ると）、魚食の起源はユダヤ人に求められると書いているものがあるが、一六、一七、一八世紀にロンドンで刊行された料理本にはすでに、揚げ物もそれ以外のものも含め、数々の魚料理のレシピが収録されているのである。またジャガイモの方も近代初期にはイギリスに伝わっていた。しかしそれがイギリス人の食事のなかの不可欠な要素になるのは、魚の場合と同じく、一九世紀になってからのことだった。

魚食の歴史は人類の歴史と同じぐらい古いようであるが、一九世紀に鉄道が登場し、保存を可能にする冷蔵技術が発展するまで、生の魚を日常的に食べることができたのは、海岸地域か河川の近くに住んでいる人々だけだった。しかし古代ギリシア・ローマの時代から、魚を保存するためにさまざまな方法が考案されていた。大抵は塩が中心的な役割を果たしたが、ギリシア人もローマ人もマグロやサバを保存するのに、「油で揚げてから、月桂樹《ベイリーフ》の葉、塩、香辛料をまぶし、それから煮立たせた酢を上から注ぐ」方法を使っていた。[*8]ローマ時代には魚の養殖も発展していたようである。また、ユダヤ教徒とキリスト教徒にとって、魚を食べることには宗教的な意味合いがあった。[*9]

紀元一世紀にローマ人が到来する以前から、イギリスでは魚が食べられていた。すでにそこに住んでいた人々は、カニからコダラ《ハドック》にまで及ぶ多種多様な海産物を食べ、干物や燻製などの保存法を用いていた。[*10]ローマ人による侵略の結果、魚の消費が増大したが、その理由としては新来者たちが新たな漁獲法を持ち込んだことが大きかった。ロンドンでは海魚も川魚も広く食べられていた。[*11]

五世紀にローマ人が撤退した後、魚を食べるための豪華なレシピが彼らとともに消えてしまった。

「釣り針を使った魚釣り」（木版画）

以前のものより禁欲を重んずるキリスト教が定着していったためである。中世初期にはウナギの養殖が非常に普及し、そこでは修道院が重要な役割を果たした。フェン地方〔イングランド東部ウォッシュワン沿岸一帯に広がる低地、「沼地《フェン》」が多く存在することが地名の由来〕のように川や池の利用がしやすい地域では、内水面漁業〔河川・湖・沼などの淡水で行われる漁業および養殖業〕が広く行われていたようである。ノルマン人の征服の頃には、漁網《ぎょもう》の使用が一般的になり、これによって海でのニシン漁が発達した。その保存にはやはり塩が重要な役割を果たしていた。一二世紀には最初期の魚屋――かれらのギルドは一一五四年まで遡れる――が生まれていたようである。この頃の魚屋は魚を売るだけでなく自ら漁もしていた。

　しかし、イギリスでもヨーロッパでも、ほとんどの人々は魚を食べていなかった。保存の問題があったからである。最も一般的な保存法は干物にすることだった。だがニシンの場合、一五時間ほど塩水に漬ける工程を済ませてから、塩の層で挟んで樽詰めにしなければならなかった。一三世紀以降は燻製にする方法も発展したが、これもやはり樽詰めにする必要があった。この頃には貝類や甲殻類を食べることも一般的になっていたが、生の魚介を食べていたのは貴族ぐらいだった。調理には、串を刺して直火で炙る《スピット・ロースティング》、網に乗せて直火で焼く《グリリング》、油で揚げる《フライング》、オーブンで焼く《ベイキング》、煮込む《シチューイング》、弱火で茹でる《ポーチング》といった方法が用いられ、今日用いられている調理法がほぼ出揃っていた。[12]

近代初期の漁業と「魚の日《フィッシュ・デイズ》」

新世界の発見は魚の消費に絶大な影響を与えた。北大西洋産の安価なタラが簡単に手に入るようになったからである。この新たな漁場を最初に開発したのはフランスとスペインの漁師たちだったが、一六世紀から一七世紀初頭にかけてイングランド人もそこに深く食い込むようになり、プリマスなどのイングランド南西部の海港が、北大西洋タラ漁の漁業基地として成長した。当然ながら、この時代には獲った魚を干物にする作業が必要であり、そこでは塩が重要な役割を果たした。[13]

金曜日に魚を食べるという決め事は、ヨーロッパとイギリスでの魚需要を維持する上で重要な役割を果たしていた。それは食習慣のなかに非常に深く根付き、二〇世紀に入っても影響力を持ちつづけた。この慣習の起源はユダヤ教の伝統にあるかもしれないが、それが公的な慣習になったことには他にもさまざまな要因が影響していた。ローマ・カトリック教会は肉食を断つ日を設定し、特に休日と四旬節《レント》（灰の水曜日から復活祭まで、キリスト教信者が断食と懺悔《ざんげ》を行う四〇日間（日曜日を入れると四六日間））の肉食を禁じた。しかし、さまざまな理由から魚はその規則から除外されていた。[14] マーク・カーランスキーによれば、「中世の教会は断食日を強制的に設け、その日には性交渉と肉食が禁じられたのだが、『冷たい』食べものを口にすることは許された。魚は水に由来するということで、水鳥やクジラと同じく冷たい食べものとみなされ、肉は温かい食べものと考えられたのである」[15]。宗教改革後のイングランドでもこの慣習は存続した。一六世紀後半に「魚の日《フィッシュ・デイズ》」の遵守の強化が試みられたが、これは「宗教熱というよりも、肉の不足と、スペイン王フェリペ二世との対決を見据えた海軍からの要請に原因があったと考えるべきである〔戦時には海軍が漁船を徴発して軍艦として使用したため、漁業振興は軍備増強につながった〕」。実際、一六世紀中にも、そして王政復古以降の一六六〇年代にも、週に三日肉食を断つ日を定めた法律が施行されていた。イギリスは一七世紀末までに食料を自給できるようになったが、金曜日に魚を食べる慣習は、一九世紀末以降にフィッシュ・アンド・チップスが食べられるようになる時代まで存続することになるのだった[16]。

近代初期にはタラが次第に手に入りやすくなっていったが、ニシンや貝類、甲殻類といった他の魚介類も変わらず重要だった。さらに一八世紀には、生の魚を目にすることが以前よりも増えるようになった。道路事情は劣悪なままだったが、輸送手段が改善されたためである。たとえば、一七二四年にはフェン地方からロンドンまで、テンチ〔コイ科の魚〕、カワカマス《パイク》、パーチ、ウナギが樽で運ばれていた。樽には新鮮な水が張られ、その水は夜に交換された[17]。一八世紀末にはスコットランドからロンドンへの生サケの輸送に氷が使用されるようになった[18]。漁業技術も向上した。たとえば、より長い釣り糸を使用することで漁獲量が増大し、漁船の進化によって、獲らえた魚を帰港時まで生きたまま貯蔵できるようになった[19]。一方、一八世紀末には人口増大にも後押しされるかたちで、新たな事業の手法が発達し、海魚の普及と供給を促した。だが、こうした革新があったとはいえ、手に入る魚の大半は塩漬けや干物、酢漬けの魚だという状況は変わっていなかった[20]。

一七・一八世紀の魚料理

このように圧倒的多数は保存食の形態ではあったが、一七、一八世紀にはイギリスでもヨーロッパでも魚は広く入手できるようになっていた。この時代にイングランドで出版されたほとんどの料理本には、魚を使ったさまざまなレシピが掲載されている。そうした料理本には共通する特徴があり、そこに少し注意が必要である。というのは、ほとんどの本で紹介されているのは、保存加工された魚ではなく生魚の料理法だからである。たとえば、サケ、コイ、カワカマス《パイク》、それから海水魚では、ボラやタイ《ブリーム》、ニシン、タラ、貝類、甲殻類が取り上げられている。

ロバート・メイの著作『熟達した料理人』の一六七一年版には、多種多様な魚を使った多岐にわたるレシピが掲載されている。コイのレシピとしては、煮る《ボイリング》方法が二つ収録されている。また同書では、カワカマス《パイク》の調理法として、二通りの揚げ方《フライング》、オーブンでじっくり焼く《ロースティング》、煮る《ボイリング》、そして「二匹のカワカマス《パイク》で煮こごりを作る」方法の計五種類が紹介されている。サケの調理法としては、とろ火で煮込む《シチューイング》、揚げる《フライング》、煮る《ボイリング》、直火で焼く《ブロイリング》、オーブンでじっくり焼く《ロースティング》といった七通りの方法が挙げられている。「サケのオーブン煮込み《サーモン・イン・ストファード》」の下ごしらえには、ワイン、ローズマリーやショウガなどの香辛料、バターが使われている。またこの本には、チョウザメとボラについても同じくらい多様な調理法が収録されている[*21]。

こうした近代初期の料理本の多くで、魚を揚げるという調理法が紹介されていることは興味深い。それは魚を生の状態で手に入れることができた人々にとっては一般的なものだったのである。一六九四年刊の『完璧なる料理人』では、アナゴ、ロブスター、ボラ、カワカマス《パイク》、サケ、チョウザメ、イシビラメ《ターボット》、オヒョウ《ハリバット》の揚げ方が紹介されている。こうしたレシピの目立った特徴のひとつは、バターで揚げていることである。このため必然的に揚げ焼き《シャロウ・フライング》になっている。この方法を用いてボラなどの小ぶりの魚を丸揚げにする際には「小麦粉をまぶす」必要があり、チョウザメなどの大型の魚の場合は、小さく切ってから小麦粉をまぶさずに揚げねばならない、とある。こうしたレシピのなかには、「イシビラメ《ターボット》とオヒョウ《ハリバット》」、それにカワカマス《パイク》のためのレシピのように、さまざまな香辛料やワインを味付けに用いているものもある。[*22] 同様に、一七〇九年刊のT・ホール著『女王陛下のための料理法』では、次のようなボラの揚げ物のレシピが紹介されている。

ウロコを落とし、ハラワタを取り出し、皮を剥《は》いで、よく洗い、しっかりと水気を取ってから、小麦粉をまぶし、澄ましバターで揚げる。揚がったら、皿に取っておき、少量のクラレット・ワイン〔ボルドー産の赤ワイン〕、薄切りのショウガ、すりおろしたナツメグ、アンチョビ一尾、塩、甘いバター少々をしっかり混ぜ合わせたものをかけ、刻んだレモンで魚にさわやかさを加える。皿に盛る前に、皿にひとかけのニンニクをこすりつけておく。[*23]

一七三〇年に書かれた生のタラのレシピでは、タラだけでなく、サケやカワカマス《パイク》、コイにも使える調理法として、クールブイヨン〔香味野菜、ワイン、ワインヴィネガーなどを煮出して作る、魚介類を煮る料理に使うだし汁〕で煮る方法が紹介されている。[*24]

魚の衣揚げの起源

イギリスにおける魚食の歴史を辿ってきたが、この段階ではまだ、次の世紀に魚を揚げる料理に革命が起きることを示す予兆はない。しかし、ハナー・グラスが書いた、一八世紀のイングランドでおそらく最も有名な料理本の一七八一年版に、「サケをはじめとするあらゆる種類の魚に使えるユダヤ式保存法」と形容されたレシピが載っている。それは次のようなものである。

サケかタラ、あるいは何でもよいので大ぶりの魚を用意し、頭を落とし、きれいに水洗いし、クリンプト・コッド〔生きた状態のタラをさばいて切り身にし、しばらく塩水につけてから茹《ゆ》でたもの〕を作る時のように切り身にし、布巾でしっかりと水気をとる。小麦粉をまぶし、溶き卵につけ、たっぷりの油で揚げる。きれいなきつね色になれば、揚げ上がりである。取り出して油を切り、しっかり乾いて冷めるまで待つ。

これが魚の衣揚げ《バタードフィッシュ》の起源であるとまで言うのは慎んだ方がよさそうである。なぜなら、まず揚げ衣《バッター》が一九世紀初頭以降に使用されるものとは全然違っており、またレシピの名前が示すように、これは衣揚げというよりむしろ魚の保存法だからである。実際、冒頭の数行の続きを読むと、グラスは出来上がったものを、油、酢、各種香辛料で満たした瓶に入れるよう指示し、そうすれば「一二ヶ月は保《も》つ」と述べている。[*25]

一九世紀初頭には、グラスが紹介していた魚の揚げ方は広く用いられるようになり、後にフィッシュ・アンド・チップスを売る商売のなかで発達することになる調理法に近づいていたように見える。M・ラドクリフの『近代家庭料理体系』（一八二三年）の「魚の下ごしらえに関する所見」と題された節には、次のような指示が書かれている。

魚を揚げる、もしくは直火で焼く場合には、しっかりと汚れを落とし、水でよく洗った後、上質の柔らかい布巾で包んでおかねばならない。完全に水気が取れたら、溶き卵にくぐらせ、揚げるならば、最高級のパン粉をまぶす。再度卵につけ、パン粉をまぶすと、魚の見た目がよりよく仕上がる。それから、深底のフライパンにたっぷりのラードもしくは脂汁を入れ、火にかけて煮立たせ、そこに魚を投入し、少し手早く揚げる。見事なきつね色になれば、揚げ上がりの頃合いである。

レシピは「揚がった魚の色が美しく、パン粉の粒がすべて立って見えるように仕上げなければならない」と締めくくられている。[*26] これもその世紀のもっと後に普及することになる魚の衣揚げ《バタードフィッシュ》とはかなり違っているが、グラスのレシピのものと比べれば、だいぶ近づいてきているように見える。

ヴィクトリア朝ロンドンの魚市場

一九世紀が進むと、生魚の供給量が大幅に増加した。これがフライドフィッシュ業界の発展を促し、そしてその業界が漁獲量の相当な割合を吸収した。まずもって人口増加という牽引力があり、そこにさまざまな技術発展が合わさったことで、生魚が大衆のもとに届くようになっていった。だが、一八五〇年代になっても「イギリスで食べられていた魚の大部分は、干物、塩漬け、燻製のいずれか、もしくはそうした方法のさまざまな組み合わせによって保存加工されたもの」であり、近海や河川で獲れた生の魚を食べることができたのは金持ちだけという状況は変わっていなかった。

しかし次第に生の海水魚が、それも遠くの海域で獲れたものまで広く流通するようになったため、淡水魚の消費は減っていった。[*27]

「この国における魚消費の習慣に大変革をもたらし、本来的に高価な贅沢品だったものを労働者階級の食べものに変えたのは、鉄道と氷利用、そして蒸気船でのトロール漁だった」。[*28] 一八一三年、ロンドンの魚供給について検討したある委員会は、続く数十年間の展開を予測し、「鉄道」建設を含め、海産物をもっと速く首都へ輸送するための方策を提案していた。[*29] 一八五六年には、ノーフォーク沖で獲られ、ヤーマスやローストフトで水揚げされた魚が毎晩海岸から送り出され、翌朝にはビリングズゲート魚市場――一八五〇年代に大幅な拡張・改修された――に到着するようになっていた。同様に、ビリングズゲートにはイングランド南部の沿岸港や、デヴォン、コーンウォールからはもちろんのこと、鉄道を通じてスコットランドからも魚が届けられていた。[*30] 一八五六年に、ロンドンの食料供給に関するジョージ・ドッドの報告が指摘したように、鉄道は「距離を消し去ったも同然」だった。ビリングズゲートには、

ツイード川、テイ川、フォース川、クライド川、ディー川、ドン川、スペイ川、ネス川、リン川で獲れたサケがある。オランダ、ノルウェー、ヤーマス沿岸で獲れたタラがある。ブリル〔ヒラメの一種〕、イシビラメ《ターボット》、オヒョウ《ハリバット》、シタビラメ《ソール》、ツノガレイ《プレイス》、コダラ《ハドック》、ミナミダラ《ホワイティング》、ガンギエイ《スケイト》、すなわちタラとほぼ同じ海域で獲れるあらゆるトロール魚（トロール網で獲られた魚）がある。デヴォンとコーンウォールで獲れたサバが、オランダで獲れたウナギが、テムズ川とチャンネル諸島で獲れたカキが、スコットランドやノルウェーの沿岸で獲れたロブスター

が、南部の沿岸で獲れたカニが、テムズ川やボストンで獲れた小エビがある。[31]

ヴィクトリア朝時代のビリングズゲート魚市場（1867年、銅版画）

こうした情景はほんの三〇年前には考えられなかったものだった。この頃には「ロンドン市中」で九億三二三四万匹（重量にして二億六二三八万一〇〇〇ポンド／一億一九四六万七六〇〇キログラム）の生魚が売られていた。[32]

このように鉄道によってロンドンの魚消費は一変した。イギリスの他の地域もそれに続き、一九世紀後半のイングランド北部の大都市では大規模な魚市場が発展した。一八四三年のリヴァプールには魚屋が三軒しかなかったが、二〇年のうちにその数は五〇軒にまで増加した。[33] 一九世紀前半に氷の利用が増加したことも、魚の供給面で重要な役割を果たした。氷はさまざまな場所から運ばれた。たとえば、「テムズ河岸の湿地帯」に住む農民たちは溝や運河で氷を集めた。またノルウェーや、遠くはアメリカ合衆国からも輸入されていた。各港には氷用の倉庫が建設された。一八九〇年代

盛りつけられたフィッシュ・アンド・チップス（2012年）

になると、ようやく人工的に製造された氷が主流となり、これによって母港からさらに遠く離れた場所で漁を行えるようになった。[*34] この頃には、大型トロール漁船も目立つようになっていた。トロール漁は一七世紀以来その重要度を高めていたが、一九世紀が進むにつれ、著しい成長を遂げた。この要因として特に大きかったのは、蒸気船が帆船に取って代わり、加えて人造氷が使えるようになったために、船をこれまで以上に遠方に送っても、船内で生魚を保存しつづけられるようになったことだった。[*35] こうした発展によって、ジョージ・ドッドが一八五六年のビリングズゲートで描いた情景がイギリスの他の地域にも広がっていった。それと同時に、一九世紀後半にはフィッシュ・アンド・チップスの原材料のひとつが、どこでも手に入るものになっていったのである。

新世界から伝来したジャガイモ

この料理の物語は二つの具材から成り立ってい

るわけであるから、一九世紀後半における「フィッシュ」と「チップス」の結婚について検討する前に、ジャガイモの歴史、特にイギリスにおけるその歴史について簡単に述べておかねばならない。新世界の発見以降にヨーロッパや他の地域で常食となった他の作物と同じく、ジャガイモの起源は西半球、より具体的には、南アメリカにある。さらに正確に言えば、それはアンデス山脈、特にペルー、チリ、ボリヴィアあたりの原産で、八〇〇〇年を越える歴史を持っている。スペインの冒険家たちは一五三〇年代に初めてジャガイモと出会い、遅くとも一五八〇年代には、もしかすると一五六〇年代にはすでに、スペインに持ち帰っていたと思われる。一六〇〇年までにイタリア、オーストリア、ベルギー、オランダ、フランス、スイス、イングランド、ドイツ、そしておそらくアイルランドとポルトガルにも伝わっていた。しかしこの時点では、植物学者が関心を持っていただけで、食料としては人気がなかった。ヨーロッパの農民の多くが、ジャガイモのことを疑惑の目で、恐怖すら抱いて、見ていたからである。[*36] 一五八〇年代にイングランドに伝播した背景には、サー・ウォルター・ローリーと彼の探検に同行したトーマス・ヘリオットの存在があるようであるが、ジャガイモがこの国に辿り着くまでの細かな経緯については議論があるようである。[*37]

ジャガイモはゆっくりとした過程を経て、ヨーロッパで常食のひとつとして受け入れられていった。それを最初に取り入れたのはアイルランド人だったようである。この理由としては、「ジャガイモがそこの土壌と気候と生活条件に驚くほどうまく適合した」という事実以外にも、アイルランドの農民にとってそれが「失業、貧困、人口過剰、土地所有熱という社会的疫病に対するせめてもの防衛手段として」機能していたという事実が挙げられる。こうした災厄のために、一七八〇年までに「その塊茎《かいけい》はそこを席巻するようになった」のである。一九世紀の初めには、多くのアイルランド人は一日あたり重さ五ポンド八オンス（二・五キログラム）のジャガイモを消費していた。ほとんどの場合は茹でて食べられていたが、揚げられることもあり、茹でてつぶしてから他の根菜類と混ぜてコルカノン〔つぶしたジャガイモに他の茹で野菜、牛乳、バターなどを混ぜ合わせて作るアイルランドの伝統料理。現在ではキャベツあるいはケールと混ぜ合わせるレシピが一般的〕にされることもあった。[*38]

ジャガイモとイングランド人

イングランドでジャガイモが広く受け入れられるまでには、もっと長い時間を要した。一七世紀中はまだ贅沢な作物だったようである。一七世紀末にまずランカシャー州で広まったのは、おそらくアイルランドとの近さが理由であろう。[*39]だが、ジャガイモについて最も権威ある歴史書によれば、その地域では小麦よりオート麦の生産が盛んに行われていたという事実こそが、より重要な要因のようである。著者のサラマンが言うには、ジャガイモ栽培は、他の地域に比べ、オート麦の栽培が盛んだった地域で発達することが多かった。それはオート麦で作られる質の悪いパンを食べていた人々が、喜んでジャガイモを食べるようになったからだった。[*40]

一八世紀後半にジャガイモは下層階級の食生活に入り込んだ。一九世紀前半には、この時期にイングランドの経済と社会に起きた大変革を受けて飛躍的に普及した。一八世紀の大半の時期、イングランドの人々、特に小麦栽培が盛んだった地域の住民は、肉類こそ不足していたが、野菜、果物、乳製品を含む健康な食事を満喫していたと考えられる。しかし、人口増加、工業化、都市部への人口移動の影響が重なり合い、状況が一変した。一七九〇年代から一八一五年のナポレオン戦争終結まで続いた一連の凶作のせいもあって、特に一七九〇年代からジャガイモは定着しはじめ、一九世紀前半に徐々に増加し、次第に労働者階級の食生活において欠かせないものになっていった。小麦栽培は落ち込み、ジャガイモ栽培は伸びていった。一七七〇年から一八四〇年にかけ、パンの価格が上昇したのに対し、ジャガイモ栽培は増加し、その価格は低下した。人々が都心周辺の低所得地域《インナー・シティ》に移り住むようになった結果、田舎でしていたように日常的にパンを焼くのが難しくなったことも伝統的なパンの衰退を促した。竈《かまど》が利用できなくなったことがその理由として特に大きかった。都市の市民農園《アロットメント》が発展し、そこでは主な作物としてジャガイモが育てられた。さらには、工業化の結果、労働者階級の実質賃金は下落していた。この状況は一八世紀後半以降、人口増加でより一層悪化した。しかしながら、ジャガイモはイングランドではさほど大きな役割を担うようにならなかった。アイルランドではそうなっていたために、一八四〇年代半ばに〔ジャガイモの不作に端を発する〕飢饉《ききん》という大惨事が起こったわけだが、イングランドにおけるジャガイモはそこまで大きな存在にはならなかった[*41]。

チップス小史

フィッシュ・アンド・チップスを構成する二つめの主要素材は、この料理が一九世紀後半に生まれる頃にはすでに、庶民の食べものになっていた。しかしこの時期までのイギリスで、揚げたジャガイモが食べられていたことを示す文献はほんのわずかしか存在しない。一六七一年の『熟達した料理人』には「イタリアン・チップス」なる料理名が出てくるが、そのレシピは次のようなものである。「数種類の花のペースト」を「粉末にし」たものに、「バラ水に浸しておいたガム・ドラゴン〔マメ科の小低木トラガントの樹液から作ったガム〕」を混ぜ、「すり鉢で完全にペースト状」にし、細い棒状に丸め、〔違う花のペーストを使って同じように作ったものを〕重ねて再び細い棒状に丸めると、「大理石のようにさまざまな色が混ざり合った見た目になる」[*42]。一九世紀のチップスとの共通点は、どうやら形状だけのようである。

一九世紀以前のイングランドでジャガイモが料理される際、揚げるという方法が用いられることはほとんどなかったが、皆無というわけではなかった。ジャガイモが付け合わせ料理になるまでには長い時間がかかった。一九世紀初頭までは依然エキゾチックなものだと見られていた。ある一八世紀の料理本によれば、茹でる《ボイリング》のが最も一般的な調理法で、グレイビーや「ケチャップ」、塩、胡椒、香辛料といったさまざまな「調味料《ソース》」をかけて食べていたようである。この時代には、ジャガイモにニシンや肉を合わせるレシピも存在していた[*43]。その一世紀前にはジャガイモに甘味料を入れることを勧めるレシピもあったが、この伝統は一八世紀末で途絶えてしまった。一九世紀初頭にはコーンウォール州の人々は、塩漬けの魚とジャガイモを一緒に食べていたらしい。この当時のデヴォン州には、チップスにしたジャガイモをフライドフィッシュと一緒に食べていた人たちもいたようである[*44]。一九五九年一月の『フィッシュ・フライヤーズ・レヴュー』誌に、「二〇〇年前のフィッシュ・アンド・チップス」という文章を寄稿した〔北アイルランドの〕ダウン州バリーナヒンチに住むC・J・ロッブは、「ダブリン宮廷の誉れ高きアイルランド美女ドリー・ブラウン」が一七六〇年に書いた手紙を発見したと主張している。その手紙には、彼女が「フライドフィッシュと一緒に、細い棒状にしたジャガイモ《ポテト・フィンガーズ》をきつね色に揚げたもの」をよく食べていたと書かれているという。ラドクリフの『近代家庭料理体系』では、茹でる《ボイリング》、オーブンで焼く《ロースティング》など、ジャガイモの調理法がいくつも紹介されている。またラドクリフは油で揚げる方法を三つ載せている。ジャガイモを脂汁で揚げて冷ましたもの、ジャガイモの丸揚げ、それから以下のようにして作る「ジャガイモの薄切り、または削ぎ切りの揚げ物」である。

大きめのジャガイモの皮をむき、六ミリ程度の厚みの薄切りにするか、レモンの皮をむく時のように曲面に合わせて削ぐ。きれいな布でよく水気をとり、ラードもしくは脂汁《ドリッピング》で揚げる。脂とフライパンに汚れがないか確認してから、強火で熱する。目を離さないようにし、ラードが煮立ったら、煮立っているうちにすぐに、ジャガイモの薄切りを入れ、動かしながら、パリパリになるまで揚げる。取り出して、ザルで油を切る。ほんの少量の塩をふりかけてから食卓に出す。[*45]

イギリスでフライドポテトが盛んに食べられるようになったのとほぼ時を同じくして、フランスでもそれを食べる習慣が広まっている。それゆえ、一方の国から他方の国へ何らかのかたちで料理の伝播が起こったか、もしくは両国でジャガイモを揚げる調理法が同時並行的に発達したことになる。いずれにせよ、ジャガイモを揚げるという調理法は、この野菜の消費が増大した頃に発達したのであり、この調理法によって茹でるという方法に代わるもっと美味しいジャガイモの食べ方が知られることになったわけである。チョップド《小さく切った》ポテトやチップド《拍子木切りにした》ポテトと言われるが、重要なのは形状ではなく、揚げるという調理法なのである。[*46]

2　フィッシュとチップスの結婚

ディケンズが描いた「フィッシュ」と「チップス」

「フィッシュ」と「チップス」の結婚は、一九世紀半ばのどこかの時点で成立したようであるが、二つはそれぞれ別々のストリートフードとして、その世紀のもっと早い時期から目立った存在になっていた。ここで、フィッシュ・アンド・チップスに関する歴史でよく引用される二つの代表的な情報源のことを改めて取り上げておきたい。ディケンズとメイヒューである。ディケンズが参照される際、実際に引用されるのは、一八三八年初版刊行の『オリバー・ツイスト』の一節である。あまり詳しいことが書かれているわけではなく、「スノウ・ヒルとホルボーン・ヒル」〔ヒルは「坂道」の意〕が交わるあたりの「サフロン・ヒルへと続く陰気な裏通り」に「フライドフィッシュの倉庫《ウエアハウス》」がある、と述べられているだけである[*47]。興味深いのは、ディケンズが店《ショップ》ではなく倉庫《ウェアハウス》と書いていることで、これはその場所が他のフライドフィッシュ売りたちにとっての拠点のような役割を担ってい

ヴィクトリア朝ロンドンのベイクドポテト売り（1861年、銅版画）

たことを示唆している。しかしそれが、その世紀のもっと後に人気を博すようになるフライドフィッシュであったならば、倉庫《ウエアハウス》で保存できたはずはない。そこにあったフライドフィッシュは、生の魚に衣をつけて揚げた温かい食べものではなく、ハナー・グラスが説明していたようなタイプのものに近かったはずである。よく引用されるもう一つのディケンズ作品は『二都物語』である。フランス革命前の一七八〇年代から革命勃発後の一八九〇年代にかけての、パリとロンドンを舞台とした歴史小説である。作中、パリ郊外サン・タントワーヌで売られている「申し訳程度の油で揚げられた、かすかすしたジャガイモのチップス」への言及がある。[*48] 一九九八年に出たオックスフォード版を編集したアンドルー・サンダースによれば、「これは、切ったジャガイモを揚げたものを表すのに『チップス』という語が使われている近代最初の例であると思われる[*49]」。

メイヒューが描いた「フィッシュ」と「ポテト」

サンダースはメイヒューの名前も挙げている。メイヒューは、この時代のロンドンにおけるフライドフィッシュに関するたくさんの情報と、わずかではあるがジャガイモ消費に関する細かな知識を残してくれている。メイヒューは多くの時間を費やして、急に入手しやすくなったために安価な食べものとなった「生の魚、干した魚、貝類や甲殻類」を売る商人を描いた。この「安価な食べものは、呼売《よびうり》商人たちの仕事の手を介して、貧乏人たちが住む家々の戸口まで運ばれていた[*50]」。ロンドンで暮らす人々は、「エンドウ豆のスープがかかったウナギの煮込み《ホット・イール》」や「エゾバイ貝《ウェルク》のピクルス漬け」など出来合いの魚介料理を買うこともできた。[*51] またメイヒューはフライドフィッシュの販売人が二五〇人から三五〇人いたと試算しており、その品は「長年にわたって」売られていると述べている。商人の「ほとんどは年取った男性か少年」だったが、女性が三、四〇人、少女も三、四人いたという。主な魚の種類は「プレイス・ダップ《ツノガレイ》」と「ソール・ダップ《シタビラメ》」で——「ダップ」は「平たい魚全般を指す言葉」——ツノガレイ《プレイス》が売られているフライドフィッシュの「半分以上の量」を占めていた。「他にも、シタビラメ《ソール》、コダラ《ハドック》、ミナミダラ《ホワイティング》、フラウンダー〔カレイ目の魚の総称〕、ニシンなどの魚が使われているが、ニシンのものを見かけることは非常に稀である」。魚はビリングズゲートから来ていた。魚のなかには「魚屋が前夜の売れ残りを翌朝も売り出すのがいやで、主に貧乏人相手に商売をしている呼売商人に売り払ってしまった」ものもあった。メイヒューは、売りに出されるフライドフィッシュの調理の様子を次のように描写している。

揚げる魚をまず洗い、はらわたを抜く。鰭《ひれ》と頭と尾を切り落とし、胴体の部分を小麦粉と水を混ぜたものに浸す。そうすることで、いつも使っている油で揚げても、火が強くなりすぎたとしても、皮が焦げ落ちてしまうようなことにならず、きつね色に仕上がる。薄色のなたね油を使うのが一般的である。

調理は「普通のフライパンで」行われていた。メイヒューによれば、フィッシュ・フライヤーたちはロンドン中にあった粗末な住居で暮らしていたが、そこでかれらが調理を行う際ににおいが出るため、隣人たちから苦情を招いていた。かれらのほとんどは行商人だが、場所を定めて屋台を出しているものもいた。前者は大抵「人口が密集した地域」のパブを回り、後者は「競馬大会に合わせて開かれる定期市」で、特に少年の馬丁たち相手に、作った品を売っていた。パブでは、フライドフィッシュは一切れのパンと一緒に提供されることが多かった。メイヒューが取材した四〇代の商人は、その商売を始めて一七年になっていたが、以前はカキを売っていたという。カキの殻を開く際に何度も自分の手を切ることがあり、危険な仕事だったそうだ。[*52] メイヒューはフライドポテトについては全く触れていないが、ベイクドポテトの行商についての情報は残してくれている。だが、かれらはフライドフィッシュを売っていた人たちとは別に商売をしていた。[*53]

ヴィクトリア朝ロンドンのユダヤ人（印刷物）

一九世紀半ばの刊行物にみるフライドフィッシュ

このようにメイヒューはフライドフィッシュについては多くの情報を提供してくれるのだが、チップスについては何の手がかりも与えてくれない。一九世紀半ばに書かれた一連の新聞記事やその他の出版物を辿れば、メイヒューの取材内容の裏付けを得ることができる。しかし、メイヒューのものと同程度の緻密な情報は期待できない。それらの多くは単にフライドフィッシュを貧乏人やユダヤ人と関連づけているだけで、ユダヤ人について書いている者はしばしば反ユダヤ主義のステレオタイプを用いている。[*54] こうした点に深く立ち入っていない記事でさえ、販売人の社会階層やエスニシティに触れていることが多い。

フライドフィッシュを売る行商人に関する最も古い言及は、一八二四年四月七日付の『モーニング・クロニクル』紙の記事にみられるものである。それはボクシングの試合の記事で、ボクサーのアビー・ベラスコが以前「路上で売る軽食として、魚を揚げたり、他の食べものを調理する仕事をしていた」と述べている。それから一三年後、同じ新聞に「火災による凄惨な死」についての記事が載っている――この事件のことは他の出版物でも扱われている。死亡したのは「レベッカ・メンデスさん、ユダヤ人、四七歳」で、彼女はホワイトチャペルのチャーチ・レーンで暮らし、「フライドフィッシュを揚げ、その行商で生計を立てていた」とある。実は彼女の死の原因は、使っていた鍋に火が燃え移ったことだった。[*55]「エイブラハムズという名前の鉤《かぎ》鼻のユダヤ人」が原告となった一八四〇年のある訴訟事件に関する記事では、メイヒューの取材を裏付けるように、「そのユダヤ人はフライドフィッシュを持って近隣地域のパブを回る商人だった」と指摘されている。[*56] 一八四〇年に書かれた別の新聞記事には、フライドフィッシュは「ロンドンの多くの地区」で売られているとあり、メイヒューの所見が立証される。[*57] その二年後の新聞記事では、「小劇場の天井桟敷《さじき》にいるような人々が住む地域で目にされ、人々に『フライドダブ』の名で知られている、素晴らしいごちそうを売る行商人」ジェレミー・イーストのことが話題になっている。実はこの記事が取り上げているのは、ボウ・ストリートで起きたある訴訟事件で、それは二人の若者がイーストからフライドフィッシュを盗んだという事件だった。[*58] 一八五一年には、ロビンソン氏なる人物に対する訴訟があった。彼はチェルシーのクイーンズ・テラスにあるいくつかの店舗で「脂汁を使って魚を揚げ」、「その魚を細かく切って、近隣に住む下層階級の人々に売っていた」ようなのである。[*59] こうした断片的な情報のなかでも特に興味深いのは、一八五一年一〇月一〇日付の『ロイヤル・コーンウォール・ガゼット』紙の記事である。ちなみに、そこには『タイムズ』紙を引用したとあるが、『タイムズ』紙を含めさまざまな新聞の索引を調べてもこの点は確認できない。当該記事では、夏になるとロンドンの「群衆」はバタシーなどのテムズ川沿いによく集まるということが話題にされている。そこで売られている食べもののなかでも、「冷たいフライドフィッシュ、タマネギのピクルス、豚足、『温かい酢漬けのウナギ《ホット・ピックルド・イール》』が絶品である」と書かれている。残念ながら、その記事からこれ以上の情報は得られない。

もっと有力な情報としては、メイヒューとほぼ同じ時期のフライドフィッシュ店についての記述があるのだが、そこにはメイヒューが示したような共感は全く見られない。それは『ロンドンの野生部族』と題された本の一節で、「部族」のひとつとしてペチコート・レーンのユダヤ人が扱われているのである。かれらが住む地域を探索中、著者のワッツ・フィリップスは一軒のフライドフィッシュ店から漂ってくる「とてつもなくうまそうなにおい」と「シューシューと泡立つ音」に出くわす。「肌寒い闇夜のなかに陽気な光を放っている」その店は、「その地域に数多《あまた》ある同様の店のひとつ」だった。そこから著者は、店内の様子を興味深く描いていく。

> サクサクのきつね色に揚がった魚がたくさん並んで窓を飾っているのを見て眼福を得たあとに、まず私たちの注意を引くのは店内の大きな火である。それは非常にご機嫌な様子で、あたかも酒に夢中な巨人の顔のようである。……その店を借りているのは五人家族——母親、三人の娘、一人息子——で、母が……火の傍らに立っている。フライパンを操る天才である彼女は、

立派な船のかじを握る水夫のごとく、取っ手をしっかりと摑んでいる。彼女はフォークを銛《もり》のように握り、ジューっと泡立つ油の海をじっと見つめている。フォークを下ろすたびに魚を突き刺し、ひとつまたひとつと見事なきつね色をした獲物が皿に積み上がっていく。フライパンはじれったそうに泡と音を立て、蛭の娘よろしく、もっとくれと叫んでいる……〔旧約聖書「箴言」第三〇章の一文「蛭には娘がふたりあって、『くれろ、くれろ』と言う」を踏まえている〕。

母親のそばにはその家の長女が立っている。……彼女は魚を切り身にし、ジューっと音を上げる鍋の熱風呂に入れる準備をしている。鋭い包丁が魚の骨をぶった切って下のテーブルを叩く音を聞いて、私たちはぶるっと身震いしてしまう。[*60]

NFFFの主張に反し、フィッシュ・アンド・チップスの初期の歴史はあやふやなものである。複数の研究者が明らかにしてきたとおり、「フィッシュ」と「チップス」は特定の時期に特定の場所で結婚したというよりむしろ、ゆっくり時間をかけて一緒になっていったものと考えられる。一九世紀後半のかなりの期間、フライドフィッシュとフライドポテトはそれぞれ別々の販売人によって売られていた。実際、ジョン・ウォルトンが指摘したように、ランカシャー州のいくつかの地域では一八九〇年代まで、フライドフィッシュを売る商人は、チップスを売る商人とはっきり分かれていた。またウォルトンは、オールダムでは一八五〇年代にはベイクドポテトが一般的なものになっていたが、これはロンドンでも、そしておそらくイギリスの他の地域でも同様だったと述べている。[*61] マーク・ペトルーは、フィッシュ・アンド・チップスの起源に関するランカシャー説とロンドン説の両方に疑義を呈している。[*62] 一方、プリーストランドは「一八六〇年から一八八〇年までの空白期間」に着目し、元々はベスナル・グリーンのクリーヴーランド・ストリートにあったマリンズと、リーズィズの歴史を調べることで、それを埋めようとしている。なお後者の店についてプリーストランドは、チップスは売っていたがフライドフィッシュは売っていなかったと断言している。*63

ほとんどの証拠から分かるのは、一九世紀半ばから一八七五年頃までは、フライドフィッシュとフライドポテトは別々に販売されており、世紀終盤になってはじめて両方を売る店が一般的になったということである。なお、こうした店が広がったのは、調理機器を平準化した製造者たちの努力のおかげでもあった。フライドフィッシュについては、一九世紀末の数十年間にロンドンから地方へ伝わったということが、新聞をはじめとするさまざまな資料から分かる。

一九世紀のレシピにみる「フィッシュ」と「チップス」

一九世紀中、フライドフィッシュとフライドポテトが別々の生活を送っていたことは、料理本やレシピ欄からも分かる。アレクシス・ソワイエの『庶民のための一シリング料理本』には、「ごく薄く、ほとんど削ぐように」切ったジャガイモを使った「フライドポテト」のレシピが掲載されている。在英ユダヤ人の料理を紹介し、大きな影響力を持った一九世紀の本にも、これと類似のレシピが載っている。そこでは「ポテトシェービング《薄く削いだもの》」という言葉が使われている。*64 またソワイエは、ジャガイモをやや厚めの薄切りにしたジャガイモを使う「フライド・クックド・ポテト」という名前の別の調理法も紹介している。*65 遅くとも一八八〇年代にはフライドポテトはフィッシュ・アンド・チップス店で見かけるものの形状に近づいてきていた。その傾向は、一八八六年七月三一日付の雑誌『ガールズ・オウン・ペーパー』に掲載されている次のレシピにも見て取れる。

フライドポテトに話を戻しましょう。なるだけ手間をかけないために、一番よいのは、大きくて長めのものです。ジャガイモは指のように縦長の形状に切らねばなりません。ジャガイモは生でなければならないことは、ご理解いただいていると思います。その皮をむき、洗って、水気を切り、布巾で拭いたら、煮立たせた油《ファット》のなかに入れます。ジャガイモがすっかり浸かっていれば、動かす必要はありません。黄金色になったら取り出して、油切りかごに数秒間乗せておき、出す前に塩をふれば完成です。

同誌は一八八〇年代のもっと早い時期に、魚を揚げる調理法の紹介もしている。そこでは「魚から出る汁を逃さぬように外側を衣で」包むことが必要で、「小麦粉をまぶしてもよいですし……小麦粉と水を混ぜた固めのバッター液でも、〔それに卵を加えた〕揚げ物用のバッター液でも、溶き卵にパンかウォーターービスケットを砕いた粉を混ぜたものでも構いません」と説かれている。[*66] これはハナー・グラスにまで遡れるレシピに酷似しているが、『ガールズ・オウン・ペーパー』誌ではエスニシティや国籍《ナショナリティ》のことは全く取り上げられていない。対照的にソワイエは、オヒョウ《ハリバット》を水と小麦粉を混ぜたバッター液に浸してから、たっぷりの油で揚げるレシピを紹介し、それを「ユダヤ風フライドフィッシュ」と形容している。[*67] ソワイエが『一シリング料理本』を出した頃には、魚料理を専門的に扱うレシピ本も登場していた。これは、この時期には新鮮な海産物が手に入るようになっていたことを反映していた。こうした本のなかでも最初期のものである一八五四年刊行の一冊には、「魚の揚げ方」と題された節があり、そこでは鍋の準備、油の準備、魚の準備などといった六段階に及ぶ工程が概説されている。その第五段階には「魚を布巾で包んで、しっかり水気を取ってから、小麦粉を十分にまぶすか、卵とパン粉で表面をまんべんなく覆う」とある。*68 一八八三年にジョン・B・スウェイツ夫人が著した『魚料理』では、魚を揚げるのは「料理法のなかで非常に重要な分野」であると述べられている。さらに彼女は、揚げる魚に応じて三種類のバッター液を使い分けることを勧めている。*69

イギリス全土に普及

こうしたレシピが料理本に入るようになった頃、出来合いのフライドフィッシュはイギリス全土に普及し、フライドポテトは街中での存在感を高め、ベイクドポテトと競合するようになっていた。新聞や雑誌の報道を追えば、チップスとフライドフィッシュの普及の度合いが見えてくる。また、そうした記事からは、それら二つの食べものは結婚というよりも、その世紀が進むにつれて、交際するようになり、だんだんと同棲をはじめるようになっていった様子が分かる。

ロンドンのフライドフィッシュはかなり頻繁に取り上げられており、しばしばそれはユダヤ人居住地と結びつけられている。一八六七年にジェームズ・グリーンウッドはこう述べている。ロンドンの「スコーラーズ・マーケット」で「購入された魚は十中八九」、「フライパン行きが決まっていた」。「このように誰しもが魚を揚げている」ということが、多くの店で目にする「油っぽそうな素材の固い板状の物体」は一体何なのかという「近隣地域ではお馴染みのもうひとつの謎を解く鍵」である。これは脂汁を固めたものだった。「この板の主要材料は羊脂と茹でた米で、それらを半分冷ましたところに、去勢牛の腎臓を焼いたときに出る肉汁を混ぜ合わると、自然に斑状の見た目になる」[70]。ほぼ同時期のロンドンの港湾労働者の食事は、「冷たいサビロイ〔からしや塩などで調味した乾燥ソーセージ〕、冷たいフライドフィッシュ、冷たいパン、チーズを……黒ずんで不快な見た目をしたビールと呼ばれる液体で流し込む」というものだったようである。[71]「路上《ストリート》の料理」を取材した一八七二年の『モーニング・ポスト』紙の記事にはこうある。「フライドフィッシュの需要は土曜の夜に最高潮となり、市場を往来する労働者と彼らの妻たちが我先にと買っていく」。かつてメイヒューが観察した仕事も健在だった。

東部や南部の地区で、個別にフライドフィッシュを売っている男たちにはそれぞれに決まった巡回路がある。彼らは得意先にしているすべてのパブに立ち寄って、そこの特別室やバーコーナーで、サクサクのきつね色に揚げた魚の切り身を買う客を簡単に見つける。揚げられている魚は、大抵ツノガレイ《プレイス》とシタビラメ《ソール》だが、安く仕入れられた時には、ミナミダラ《ホワイティング》やタラ、時にはサバやニシンのような魚まで、商人が持つトレーに乗っていることがある。この商売をしている者は例外なく魚を自分で揚げている。彼らが使う油《オイル》や脂汁は大体いつも悪臭を放ち、料理法は概してひどい。だが、こうした難点にもかかわらず、購入者は後を絶たず、仕事は儲かっている。[72]

一八七九年の『チェンバーズ・ジャーナル』紙に載った記事は、「完璧なフライドフィッシュを味わうにはイーストエンドに行かねばならない」と述べている。[73]フライドフィッシュ店で発生した火災の件数にも、そうした店が首都ロンドンで増加していたことが見て取れる。一八六七年には八件だったものが、一八八八年には一一件に増えているのである。[*74]

この頃には、フライドフィッシュはロンドンを越える範囲にまで普及していた。一八六〇年代以降の地方新聞には、そのにおいに苦情が出ていると報じる記事がいくつも見られる。一八六六年の『マンチェスター・クーリエ』紙に載っている編集者宛ての投書は、「フライドフィッシュが売られる地域では、それが住民にとって多大なる迷惑になっている」ので、地方当局が「その販売を禁止できないのだろうか」と尋ねている。[*75] 一八六九年には、レスターとその近くのヒンクリーでフライドフィッシュに対する苦情が出ている。[*76] 一八七四年六月一九日付の『バーミンガム・デイリー・ポスト』紙の記事は、「我らの地元の魚市場《ビリングズゲート》」でも「膨大な量の魚」が手に入るようになったことに驚きを表明した後、「ほとんどすべての通りにあるフライドフィッシュ店の数から……それらの店が売る食べものが、多くの住民の家計の中で欠かすことのできない美味な品になっていることが分かる」と続けている。

ジャガイモ料理の売れ行きも一八七五年以降に伸びていった。ベイクドポテトの販売は好調を続け、時にはフライドフィッシュと組み合わされていた。かつてメイヒューによってその存在が確認されたベイクドポテトの商人は、一八七〇年代になってもその生業を続けていたのである。[*77]

一八六八年という早い時期に、ニューカッスルのウェストゲート・ヒルのとある店に一人の客が立ち寄り、そこで「ベイクドポテトとピクルスが付いたフライドフィッシュをカウンターで食べ、その食事に六ペンス支払った」。しかし、店の主人ジョン・ケイジャーは許可を得ずにフライドフィッシュを売っていた罪で、五ポンドの罰金を科された、とある。[*78] 一八七〇年代にレスターのハンバーストーン・ゲートで開かれていた定期市では、「ムール貝、ピクルス、ジャガイモ、フライドフィッシュとさまざまな美味が勢揃いしていた」[79]。同様に、一八八四年の聖金曜日にハムステッド・ヒースを訪れた人々は、「紅茶とコーヒーを売る屋台、フライドフィッシュとベイクドポテトの屋台、アイスクリーム屋などで空腹と喉の渇きを満たした」のだった[80]。この頃には、フィッシュ・アンド・チップス店が確実に登場していたが、時として飲食店法で定められた許可を得ずにこの食べものを販売する者がおり、そのために罰金を科されていた。たとえば、ウェストエンドに店を構えていたらしいチャールズ・シルヴァーストーンや、「ベスナルグリーン・ロード一〇三番で、フライドフィッシュとフライドポテトを販売する小さな店」を営んでいたウィリアム・アレンがそうだった[81]。一八八三年には「一切れのフライドフィッシュとフライドポテト、それに一切れのパンがついて三ペンスで買える」ようになっていた。「フライドフィッシュ売りたちは、ビリングズゲートの市場から、ツノガレイ《プレイス》やガンギエイ《スケイト》などの安売りされる魚なら何でもと、片っ端から持っていってしまう」ということだった[82]。

3　フィッシュ・アンド・チップス業界の拡大

フィッシュ・アンド・チップス店の急増

「フィッシュ」と「チップス」の結婚が実際に成立したのがいつだったにせよ、また最初のフィッシュ・アンド・チップス店が出現した場所がどこだったにせよ、一八七〇年代以降、労働者階級はフィッシュ・アンド・チップスという安価な食べものを、路上やパブ、定期市で買えるようになっていた。そして次第にフィッシュ・アンド・チップスは、それを売るために作られた専門店で買えるようになり、第一次世界大戦が勃発する頃には、そうした店がイギリス全土で数千軒存在するまでになった。ある推計によれば、一八八八年には一万から一万二〇〇〇軒のフライドフィッシュ店がイギリスに存在し、一九一〇年にはその数は二万五〇〇〇軒に増加していたという。一九〇六年には、ロンドンだけでも一二〇〇軒に達していたと考えられる。同じ頃、マンチェスター市庁舎から半径約八キロメートル圏内にフライドフィッシュ店が二〇〇〇軒、オールダムには五〇〇軒あったようである。二〇世紀が始まる頃には、そうした店は海沿いリゾート地にも出現していた。[*83]

こうした統計から、一九世紀末にフィッシュ・アンド・チップスを売る商売が急速に拡大したことが分かる。この拡大の原因は、上述した技術発展に促されて、魚とジャガイモの供給が増加したことである。第一次世界大戦直前の時期、フィッシュ・アンド・チップスは、イギリスのトロール船による漁獲高の二〇パーセントと、イギリスで育てられたジャガイモのおそらく一〇パーセントを吸収していたと考えられる。[*84]

労働者階級の日常食に

このようにさまざまな要因で生じた供給の増大は、イギリスの労働者階級による需要の増大が受け皿になって吸収された。一九世紀半ばに誕生して以来、教養ある論評者たちからは、絶えず嘲笑が浴びせられてきたが、この料理は社会階層の底辺にいる人々にとって栄養豊富で安くて美味しい食べものになっていた。一八九〇年代でも「一貫して高い水準だった乳児死亡率」が表すように、貧困と栄養不足はこの時代の多くの労働者たちの生活の特徴だった。[*85]「フィッシュ・アンド・ポテト——ある欠点」と題された一八八五年の記事は、この料理を食べることに関わるあらゆる経験を

草創期のフィッシュ・アンド・チップス店（1905年）

次のように論じている。「ほとんどすべてのフィッシュ・アンド・チップス店にある、ジャガイモを切るのに使うギロチンのような形をした独特の器具が備える優美さ」を目にし、「揚げ油《ファット》が立てるジュージュー、パチパチという心地よい音」を聞き、「雪のように白い湯気に乗って漂い、開け放たれたドアから通行人の嗅覚器官に向けて挨拶に来る芳しき香り」を嗅ぐ。著者はこう続ける。「苦労して稼いだ二ペンスをカウンターに置けば」、彼は「それと引き換えに、ホクホクで香り高く、見事なきつね色に揚がった魚一切れと、これまた申し分のない揚げ具合のジャガイモを受け取る」[*86]。この引用は基本的に味のことを取り上げている。この料理もようやく味の観点から注目されるようになったのである。

一九世紀後半におけるフィッシュ・アンド・チップスの登場は、イギリスの食生活に大きな衝撃をもたらした。その衝撃は、第二次世界大戦後の数十年間に中国料理、続いて「インド」料理が到来したことに匹敵するものだった。[87]これら二種類の料理と同じように、フィッシュ・アンド・チップスを一時的な流行——イギリスの持ち帰り料理の歴史上最初に起き、長く続いた流行ではあるが——とみなしてもよいかもしれない。しかしながら、意を決して「貧民と労働者階級の生活」を体験したジャーナリストのオリーヴ・マルヴェリーが確信したように、フィッシュ・アンド・チップス店は「ロンドンの貧民の社会経済と家族経済のなかで非常に重要な役割を果たす」ようになっていた。「こうした店のおかげで、多くの労働者の妻たちは六ペンスという安さでたっぷり六人前、ときには八人前の腹を満たす食事を用意でき」、また「調理にかかる出費と手間」も節約できていたのである。なぜなら、燃料は「少ない収入には負担になるものであるため、安くて美味しい調理済みの食べものは、庶民にとって好都合である」からだった。[88]イングランド北部には住民一〇〇〇人あたり一軒の割合でフィッシュ・アンド・チップス店があるような街があり、場合によってはそれが四〇〇人あたり一軒という割合にまでなったという理由も、以上のことから説明がつくであろう。[89]

店舗・調理機器・団体

店舗経営上の要因もこの商売の発展に一定の役割を果たした。その発展は法律の後押しも受けた。魚を揚げる際のにおいに関する苦情（当初からメイヒューが認識していた問題である）があったわけだが、一八七五年に制定され、一八九一年、一八九六年、一九〇七年と改正された公衆衛生法は、排気に規制を設けることで、この問題への対策を求めたのである。[90]またフィッシュ・アンド・チップスの商売は、比較的簡単かつ安価に自営業者になれる代表的な方法だったため、開業者には少額の資本金を元手に熟練労働者階級から身を起こした者たちが多くいた。一九世紀の終わり頃に開業した店は、かつてメイヒューが描いた行商するフィッシュ・フライヤーが進化したものだった。もっとも、そうした行商人は二〇世紀になってもまだ存在していた。一八八三年一〇月一三日付『フィッシュ・トレーズ・ガゼット』誌に掲載されている、ロンドンの複数の店舗物件の広告によれば、店舗の価格は三〇ないし四〇ポンドであった。多くの地域で価格は低かったが、フィッシュ・アンド・チップスの人気が高まっていた大都市のなかには、価格が上昇しているところもあった。新規参入者はローンを組むこともできた。また、財産を相続していた者もいた。たとえば、トム・ボールドウィンは一九〇〇年に彼のおじが亡くなった際に一〇ポンドを得た。彼は以前鉄道のポーターやジャガイモ倉庫の作業員をしていた。まず彼は小さな店を購入し、その後この店を売却、それで大きな収入を得ただけでなく、さらに大きな店舗に移ることができたのだった。[*91]

規格化された調理機器が購入できるようになったことによっても、フィッシュ・アンド・チップス店の発展は促された。このおかげで店作りは定型化され、新規参入者はその定型に倣えばよくなった。なお、こうした定型化のパターンは、一九六〇年代、一九七〇年代以降のインド料理レストラン業界でも踏襲された。[*92] フォークナー商会は一八七〇年代初頭からチップスを揚げるためのコンロを製造していたようである。一方、ジョン・ラウズは一八八〇年代にフィッシュ・アンド・チップスを揚げるための移動式コンロを開発したと主張している。[*93] チャットチップはそうしたコンロとして最古のものを図表付きで紹介しているが、それはレンガ製の枠の上に取り外し可能なボウルが二つ乗っていて、その下で火を焚くといった単純な作りのものである。この様式のコンロが最初に改良された際には、換気口などが付け加えられた。[*94] 二〇世紀の初めには、ジャガイモの皮むき器と

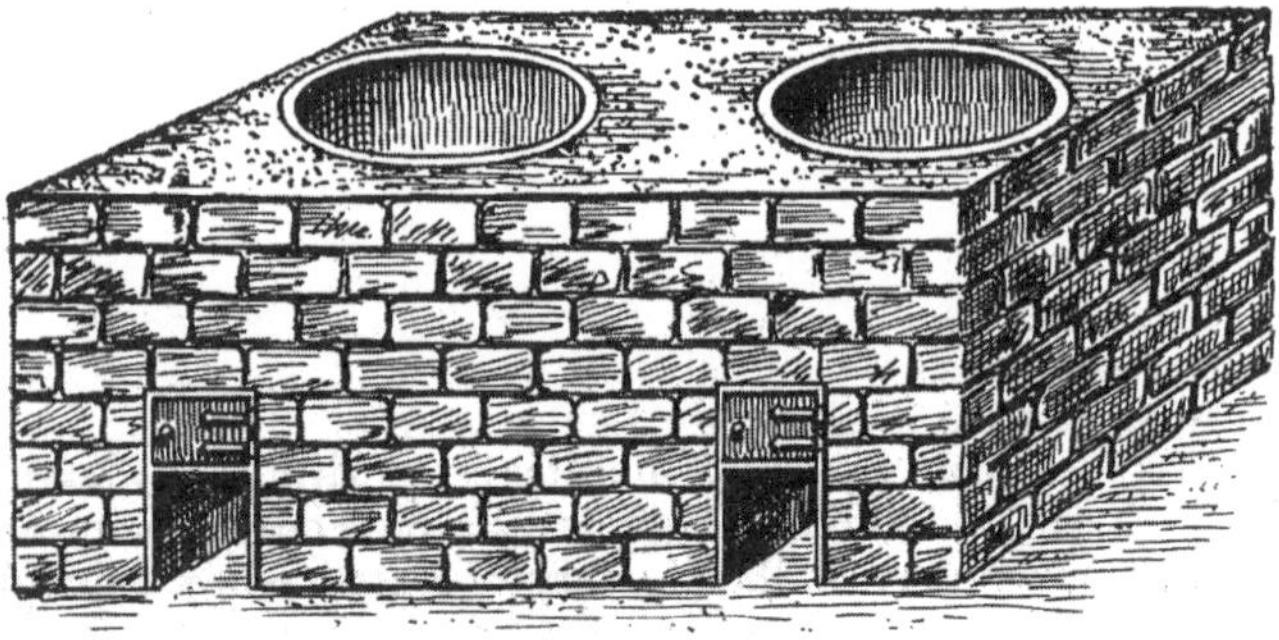

ヴィクトリア朝後期に製造された
最古の揚げ物専用コンロ

細切り器も買えるようになった。次第に有名になるフォークナー商会製の「ケンジントン」のような金属製のコンロも登場した。[*95]

二〇世紀初頭には、フィッシュ・フライヤーたちは独自組織の設立を通じて固有のアイデンティティを発展させていた。それ以前からいくつかの団体は生まれてはいたが、一九一三年、今日に至るまで存続する全国フィッシュ・フライヤー連盟が一九一三年に誕生したのである。会員間の付き合いには疑念が入り込むこともあったようだが、同連盟は専門知識の普及を促してきた。同連盟の誕生は、一九一三年以前からフライヤーたちのあいだに共通の経験とアイデンティティが存在していたことを物語っている。[*96]

4　フィッシュ・アンド・チップスの誕生

さまざまな要因

フィッシュ・アンド・チップスは、一九世紀後半のイギリスでフライドフィッシュがチップドポテトと組み合わされたときに誕生した。NFFFが「正史」として提供する歴史にも魅力がないではないが、「フィッシュ」と「チップス」はもっと行き当たりばったりなかたちで一緒になったように思われる。メイヒューが描いたフライヤーたちがその世紀のもっと後で起きるさまざまな展開への道を準備したという点には、ほとんど疑いの余地はないだろう。そうした展開のひとつは、彼が出会ったような行商人たちが固定的な店舗を構えるようになっていったことである。かれらは自分たちと同程度の少ない可処分所得しか得ていない客たちに食事を提供した。だが、客にパンを渡していたメイヒューのフライヤーたちとは違って、フィッシュ・アンド・チップス店のオーナーたちはそれにフライドポテトを合わせたのだった。一連の新聞報道を辿れば分かるように、パンからチップスへの移行は徐々に起こり、過渡期にはフライドフィッシュにベイクドポテトが付け合わされることもあった。揚げるのに使う油や脂汁が入手しやすくなったことも、チップスの普及に一定の役割を果たしたと考えられる。広く使われていた綿実油〔ワタの種子から採取される油〕について言えば、これは工業化の副産物でもあった。*97

フィッシュ・アンド・チップスが誕生し、その後すぐに普及していった背景には、さまざまな要因が存在するが、最も重要だったのは間違いなく生魚が手に入るようになったことだった。このことが、この食べものを金持ちのものから大衆のものに変容させたのである。メイヒューとドッドが認識したとおり、鉄道の登場も明らかに重要な役割を果たした。そして蒸気トロール漁船〔の導入〕や氷利用の増加といったその世紀のもっと後で起きた展開によって、生魚はロンドンを越える範囲に普及していった。同時に、特に一九世紀初頭における一連の経済的要因によって、ジャガイモはアイルランドとイギリス北部だけでなく、イギリス全土でますます重要な炭水化物になった。生魚

オールド・ケズウィッキアン。1980年代以来、同じ一族によって経営が続けられているフィッシュ・アンド・チップス店（2012年5月）

とジャガイモの入手のしやすさ、値段の安さ、栄養価の高さが基盤となり、その上にフィッシュ・アンド・チップス産業は築かれていくことになったのである。

第2章　発展

ヴィクトリア朝ロンドンでフライドフィッシュを売った行商人と、ランカシャー州のチップス売りが手を結んだことにより、フィッシュ・アンド・チップスは二〇世紀初頭には、後世の私たちがよく知るかたちのものとして存在するようになっていた。第一次世界大戦が始まる頃には、イギリス国内に二万五〇〇〇軒ものフィッシュ・アンド・チップス店が存在していたとも考えられている。またこの頃には、この食べものの販売者たちはNFFFという独自組織を設立していた。

過去一〇〇年にわたるフィッシュ・アンド・チップスの歴史を、台頭から衰退に至る歴史として考えることができるかもしれない。このシナリオでは、フィッシュ・アンド・チップスは一九六〇年代まで労働者階級に最も好まれる持ち帰り料理の座に君臨しつづけたが、それ以降競争にさらされていった、という展開になる。まずはイタリア料理、そして特に強敵となる中国料理とインド料理の持ち帰り店が現れ、その後さらなる脅威として、ケンタッキー・フライドチキンなどのアメリカの巨大多国籍企業、何よりもマクドナルドが登場してくる、と。だが、こうした別の選択肢が現れたおかげで、一つのステレオタイプが定着することにもなった。多文化化しグローバル化するイギリスを表面的に象徴しているにすぎない先のような新しい食べものとは対照的に、フィッシュ・アンド・チップスはイギリス労働者階級の食べものであるとみなされるようになったのである。

フィッシュ・アンド・チップスの最盛期は、第一次世界大戦から一九六〇年代まで続いた。一九六〇年代には新聞のコラムニストたちが、「外来」の競争相手からの脅威が主たる原因となって、フィッシュ・アンド・チップス店が減少していると論じるようになっていた。以降、この産業の相対的な衰退が進んでいく。しかし、店舗の数は減少したかもしれないが、その総数は、持ち帰り料理の分野におけるほとんどの競争相手にひけをとらない水準を維持していたのである。以下では、特に店舗とそこで提供されていた食べものに注目しながら、最盛期と衰退をめぐる問題について検証していきたい。

1　最盛期

フィッシュ・アンド・チップスの台頭

第一次世界大戦から一九六〇年代までの数十年間が、イギリスにおけるフィッシュ・アンド・チップスの歴史の頂点だった。すでに見たように、一九一〇年にはイギリスのフィッシュ・アンド・チップス店の数はすでに二万五〇〇〇軒に達していたとする推計があり、続く数十年間についても同様の推計が伝えられている。二〇世紀初頭の大半の時期のフィッシュ・アンド・チップス業界については、非公式の統計と、時代が下がるにつれて次第に増えていった公式の統計を参照することで、かなり正確に評価することができる。後に見るように、フィッシュ・アンド・チップス産業はイギリスで水揚げされた白身魚とイギリス産ジャガイモのかなりの部分を買い上げていた。そして、これらの供給量が減少すると、その料理の価格が上昇するということが、その世紀の大半の期間を通じて繰り返し起きた。

一九二一年にチャットチップ（こと、フィッシュ・アンド・チップス評論家のウィリアム・ロフタス）は、イギリスには少なくとも二万五〇〇〇軒のフィッシュ・アンド・チップス店が存在し、それらの店で消費される魚はイギリス全体の消費量の少なくとも二五パーセントを占めていると述べている。また彼は、同業界が少なくとも七万五〇〇〇人を直接雇用し、調理機器の製造業者などそうした店舗向けにサーヴィスを提供している人々を含めるなら、その総数は一〇万人に及ぶと主張している。そして「さらに数千人が間接的に雇用」されていたと付け加えている。彼の統計によれば、「毎週少なくとも三〇〇〇万人の食事がイギリスのフライドフィッシュ店を通じて提供されていることになった」。[*1] 一九二〇年代半ばと一九三〇年代以降については、さまざまな公式の統計が存在する。それらと照合すると、チャットチップの見解の一部については確証が得られるが、多少の誇張があったことも分かる。ジャガイモ取引に関する一九二六年のある報告書にはこうある。「消費されたジャガイモの約一五パーセントは『チップス』業界を介して消費されたと推計できる。その影響はいくつかの工業都市で極めて顕著に見られ、特にランカシャー州南部の工場都市では『チップス』として消費されたジャガイモは、消費全体の六九パーセントに及んだ」。一方、ロンドンでの割合は一〇パーセントに留まった。[*2] 一九三一年の『マンチェスター・ガーディアン』紙のある記事は、

「フィッシュ・アンド・チップス店の重要性と人気の高まり」を指摘し、そうした店が「今年この国で水揚げされた（ニシンとサバを除く）魚の六〇パーセントを買い取っており、来年もおそらく店舗の数は増える見込みである」と伝えている。[*3] 一九三一年には公的機関であるイギリス海洋漁業委員会が、国内に二万五〇〇〇軒の店が存在し、それぞれの年間売上の平均は一〇〇〇ポンドから一五〇〇〇ポンドになるとの認識を示している。[*4]

衰退の兆し？

一九四〇年代後半から一九五〇年代にかけて、フィッシュ・アンド・チップス店の数は減少しはじめた。この頃には店舗数に関する公式の統計が出ており、チャットチップが挙げた推計を補正することができる。第二次世界大戦が店舗数に何らかの影響を与えた可能性はある。だが、労働者階級の食事に関する公式調査によれば、週あたりのフライドフィッシュの消費量は、一九四二年には一人あたり一・〇四オンス（三〇グラム）だったものが、一九四五年には一・五一オンス（四三グラム）に増加し、魚の消費全体で見ても六・六一オンス（一八七グラム）から九・二一オンス（二六一グラム）に増加しているのである。しかし、戦争勃発にあたって漁獲量が多少落ち込み、戦争が終結するまで戦前の水準に戻ることはなかった。[*5]「流通センサス（イギリスの小売業に関する調査統計）」から得られる最初の公式数値によれば、一九五〇年時点のイギリスには一万七二一六軒の店が存在していたようである。その一〇年後、白身魚の流通に関する調査のなかで、R・A・テイラーは店舗数を一万三七五〇軒と推計しており、大幅な減少が見て取れる。しかしこれでも人口一万人あたり二・八軒という比率だった。[*6] 白身魚漁業機構《ホワイト・フィッシュ・オーソリティ》は一九五六年に、一万四八三四軒の店舗で総計四万一八六六人が雇用されているという数字を挙げている。[*7] この頃になると、『フィッシュ・フライヤーズ・レヴュー』誌に、過去一二ヶ月間で三〇〇軒が閉店したといった暗い記事が載るようになっていたが、[*8] 複数のジャーナリストが非公式的な調査を通じて、同業界の健在ぶりを証明しようとしていた。たとえば一九五六年一二月、ロンドンおよびホーム・カウンティーズ・フィッシュ・フライヤーズ協会会長のW・J・コットンは、前途に横たわる困難を認めつつも、「フィッシュ・アンド・チップスは依然王座に君臨している」と宣言した。[*9] ここで言われている困難とは、主として商品の価格に関するものだった。それは『フィッシュ・トレーズ・ガゼット』や『フィッシュ・フライヤーズ・レヴュー』の誌面上で絶えず表明されていたものである。翌年、『タイムズ』紙の「特派員」からの調査報告が、「フィッシュ・アンド・チップスはいまだ揚がり調子」という見出しで発表された。とはいえ、その記事も当時さまざまな問題が生じていたことを認めている。その記事によれば、一九四〇年代の終わりから一九五〇年代の初めにかけて、食糧省が多くのフライドフィッシュ店に対して無造作に営業許可証を発給したことが原因で、ある種の人為的な増加が生じ、このせいで一九五〇年代半ばに数々の閉店が起こってしまったのだそうだ。一九五七年時点でも同業界は依然として、「白身魚の年間漁獲量の三分の一以上――昨年［一九五六年］は八六万五〇〇〇トンに達した――を、一〇〇万トン近くのジャガイモ、約八万トンの油脂とともに」使用していた。[*10]

安定の存在感

一九六〇年代になってもフィッシュ・アンド・チップスの衰退についての懸念は続いたものの、持ち帰り料理の種類がますます増え、その影響が出はじめてくるまでは、店舗数が大きく変動することはなかった。一九六四年には、フィッシュ・アンド・チップス店の年間売上高の合計が約一億ポンドに達した。これらの店全体で毎営業日ごとに一〇〇〇トンの魚と、ほぼ同量のジャガイモを使用していたと考えられ、このため同産業は海洋漁業とジャガイモ栽培の双方にとって重要な存在になっていた。[*11]『フィッシュ・フライヤーズ・レヴュー』誌は一九六四年、「イギリス人口の九〇％以上が日常的に魚を食べ、一人あたりの年間消費量は平均で約二二ポンド〔一〇キログラム〕になる」と述べている。[*12]しかしその四年後、白身魚漁業機構《ホワイト・フィッシュ・オーソリティ》の理事長サー・ルイス・チックは、「昨年イギリス人が食べた魚は一昨年より減少し、一人あたり約一ポンド〔四五〇グラム〕減った」と明言した。彼はこの原因を「習慣と社会通念の変化」に求め、たとえば「家でテレビを見る」ようになったことで、多くの家庭は「すぐ近所のフィッシュ・アンド・チップス店に出かけなくなっている」などと主張した。[*13]

しかしながら、フィッシュ・アンド・チップス業界の絶頂期は、二〇世紀の大半の期間を通じて継続していたのである。一九五〇年代から一九六〇年代にかけて多少の衰退を見たかもしれないが、この期間もフィッシュ・アンド・チップスは依然として最も重要な「持ち帰り」料理でありつづけた。基本的に当時はまだ実質的な競争相手がほとんど存在せず、存在したとしてもごくわずかだった。一九七〇年代以降は状況が変化していったが、業界の衰退が急速に進むことはなかった。フィッシュ・アンド・チップスを食べていたのは、継続的な購入がかなり期待できる集団、すなわち労働者階級だったからである。かれらは家庭内で料理をする代わりに、この安価な食べものを購入し、そうすることで持ち帰り料理を買うという二一世紀にまで続く消費傾向を確立させたのである。

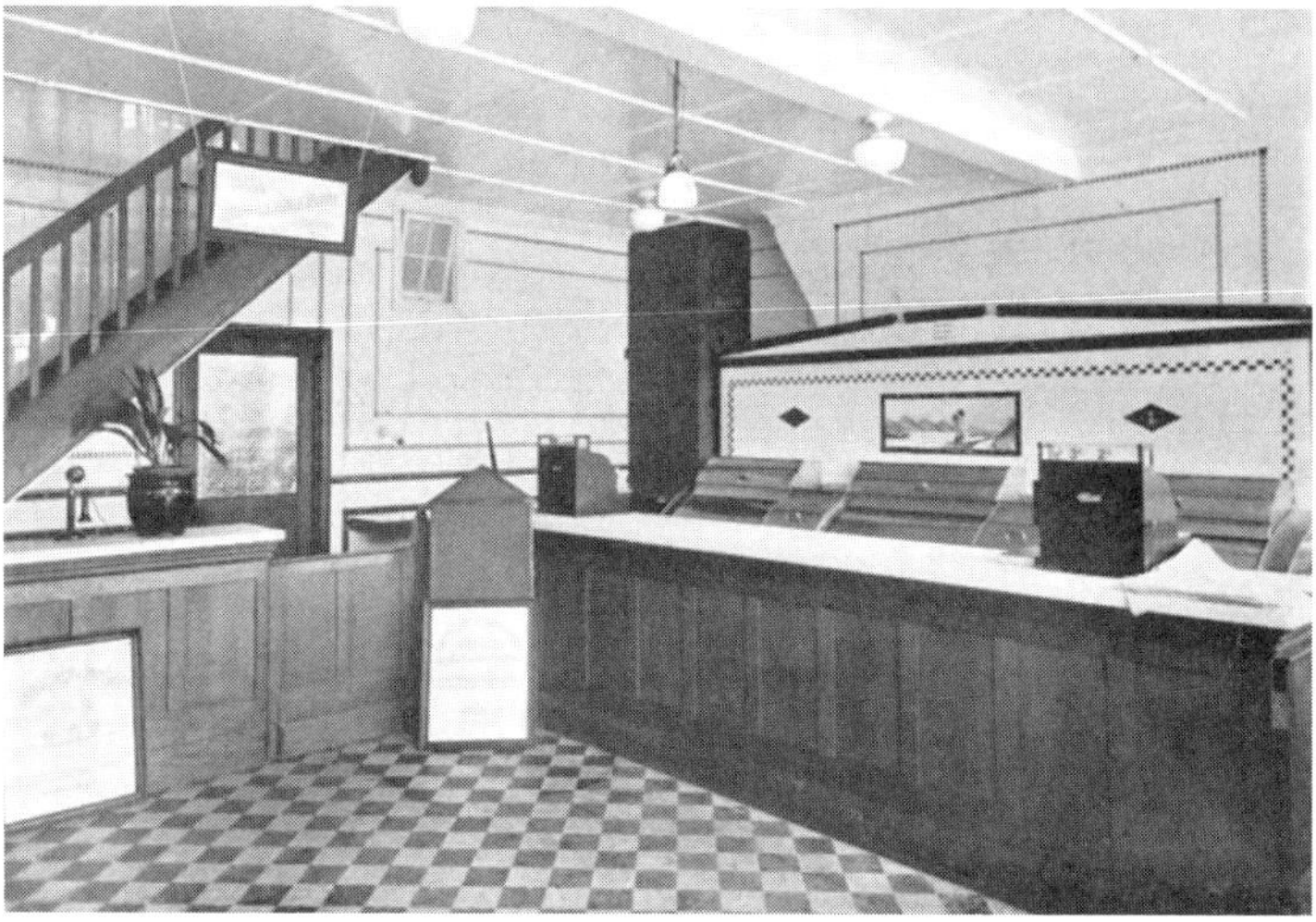

「現代的なフィッシュ・アンド・チップス店」の内装（1930年代）

小規模家族経営

フィッシュ・アンド・チップスの購入者の多くは労働者階級の出身だったと考えられるが、店主たちは大抵、顧客たちよりも一段上の社会階層に位置し、かれらと同じ地域には住んでいなかった。二〇世紀全体を通じて、家族経営の店やレストラン、移動販売のワゴン車、チェーン店という三種類の店舗形態が確認できる。一番目のものが過去一〇〇年にわたって主流を成してきたが、車での移動販売も常に存在し、二〇世紀末にはチェーンも出現した。

小規模の家族経営店が最も典型的な形態でありつづけた。大戦間期には、あらゆる種類の小売店の数に総体的な減少が見られたが、フライドフィッシュ店は実質的に増加した。小規模事業者の重要性は、一九二〇年代から一九三〇年代には、五〇万から六〇万軒の店がイギリス国内に存在していたという事実によって裏付けられる。これは一五から一八世帯に一軒の割合と

ジャガイモを拍子木型に切る作業（1930年代）

なり、小規模の小売業の分野の好調が見て取れる。[14] 仮に、一九二〇年代初頭には二万五〇〇〇軒のフライドフィッシュ店が七万五〇〇〇人を直接雇用していた、というチャットチップの主張を受け入れれば、それぞれの店では平均三人しか働いていなかったことになる。この数字が妥当なものであることを、白身魚漁業機構《ホワイト・フィッシュ・オーソリティ》が一九五四年に行った調査は立証している。その調査によれば、当時イギリスにあった一万四八三四軒のフライドフィッシュ店のうち、七八二四軒の従業員は三人未満で、六人以上を雇用していた店は六四三軒しかなかった。[15]

二〇世紀を通じて、フライドフィッシュ店を開くことを検討した人々は、NFFFとその団体の刊行物をはじめ、さまざまな経路から助言を得ることができた。一九二一年から一九二二年にはチャットチップが『フィッシュ・トレーズ・ガゼット』誌に二五本の記事を発表し、後にそれらを書籍のかたちで刊行した。そこで彼は店舗開業のあらゆる側面について微に入り細を穿《うが》った説明をしている。彼はたとえば次のような事柄について助言を与えている。開業の前提になる業界の規模と商機、適当な立地選び、店の間取り、調理機器、ジャガイモや魚の選び方はもちろん、塩、酢、エンドウ豆といった「フライドフィッシュを売る商売に必要となる副次的な材料」の選び方[*16]。一九三〇年代にH・T・リーヴスが出した本はさらに詳細で、二巻にわたって四三一ページを費やすほど事細かに、フィッシュ・アンド・チップスの商売のあらゆる側面について論じている[*17]。

自営業の理想と現実

小規模店を経営して少額の利益を得る自営業のプチブルジョアであるフィッシュ・フライヤーは、自分の店のために懸命に働いた。一九七〇年に、ある店主は次のように説明している。「仕事はしんどいし、大体面白くない。何時間もかかる仕事に魅力的なところは全くないね。夜の一二時より前に仕事が終わることはめったにない。それから注意しないとフライドフィッシュの嫌なにおいを家に持って帰ってしまうんだ[*18]」。一九三三年にグラスゴーで店を買い取った一家の一員ジョー・ピエリは次のように書いている。「私たちは家族で営む新しい店で懸命に働かなければならなかった。……日曜日には店を閉めたが、週の残りの六日にはひっきりなしの重労働が求められた。朝六時に一日が始まり、父について魚市場に行った」。店に戻ってからが「その日の本当の仕事」の始まりだった。まずは「数百キロのジャガイモ」を洗って、皮をむき、拍子木型に切る――「これにはナイフを使って手で切るか、重いギロチン型のポテト・カッターを使った。このカッターを動かすには相当の力とスタミナが必要だった」。それから魚の準備にかかり、これが終わるとやっと午後の休憩になった。店の営業は四時半に始まった。店の全盛期だった一九五〇年代の土曜日には、「一トンのジャガイモと約一三〇キロの魚を使い切っていた[*19]」という。

しかし、『フィッシュ・フライヤーズ・レヴュー』誌の一九六〇年三月号に掲載されているある記事は、「フライヤーの生活はとても幸せなもの」と述べている。主な魅力とされているのは、自営業であるため、日常業務や収入を含めた労働生活を自己管理できるという点である。一九七〇年の著作でグレヴィル・ヘヴンハンドは、「フィッシュ・アンド・チップス店をまるで『金鉱』のように見ている」人もいると述べ、「独立の神話」について書いているが、「少なくとも」フィッシュ・フライヤーは「自身の努力で自由に金を稼ぎ、組み立てラインの速度や労使協議会の審議に妨げられはしない」という点は認めている。[*20]

大部分のフィッシュ・アンド・チップス店が小規模だったということは、往々にして最低限の利益しか出なかったということである。一九三五年には、長いときには週七〇時間も働き、家族の労働力を活用しながらも、非熟練労働者の賃金と大差ない収入しか得られていないフライヤーもいた。[*21]にもかかわらず、この時期は拡大の時代だった。実際、際立った成功を収めたフィッシュ・フライヤーの多くは、第一次世界大戦前にこの商売を始めており、その戦争が終結した後に事業を拡張しているのである。たとえばA・J・フォスターは一九一二年、二〇歳のときに「レスターのハンバーストーン・ロードにあった店を手に入れた」。当初この店ではカウンター越しに食べものを提供していたが、彼と彼の妻はレストランも開くことにした。その後もかれらは、まずは一〇〇人分の料理をまかなえる規模の店舗、続いて一五〇人規模の店舗と、同じ通りの物件を購入していった。[*22]他方、ネイサン・デューチェは彼の父親の跡を継いだ。一八九九年に父親が死去した後、ネイサンは母親と二人の兄弟たちとともに、ワトフォードにあった家業の店を経営した。その店は閉めることになるが、彼は再び商売を始め、一九二〇年代にはレディングで数店舗を経営した。[*23]またフライドフィッシュの商売は、二〇世紀前半のイギリスで最大級の男性職業集団のひとつだった炭鉱労働者に社会移動の機会を提供していた。たとえば一九一〇年に店を買ったジェームズ・ウェスネッジや、一九二六年のゼネスト後にカーディフで開業したE・G・クラークは、元炭鉱労働者だった。[*24]

「平均的」なフィッシュ・アンド・チップス店

一九三八年の『フィッシュ・トレーダーズ・ウィークリー』のある記事は、「平均的なフィッシュ・フライヤー」としてC・スミスなる人物を特集している。店舗を三軒も所有していた彼を「平均的」と呼ぶことは、この商売に携わっていた圧倒的大多数について得られる他の証拠と矛盾する。さらに彼は教養階層の出身で、かつて空軍技術学校で教官を務めたこともあった。とはいえ、こうした小規模の家族経営の事業における女性の重要性について振り返って考えながら、自身の妻を讃えているところは、他のフライヤーたちと同じだった。[*25]

一九七〇年の著作でヘヴンハンドが例に挙げているリーズのリッツ・フィッシャリーズは、スミスの店より統計的な意味で「平均的」というにふさわしい店に思える。その店は「小さいが清潔で、〔フィッシュ・アンド・チップス店は〕金鉱であるとの風評とはずいぶんかけ離れた[*26]一種の暖かなみすぼらしさがある」。この風変わりな描写は、第二次世界大戦後のフィッシュ・アンド・チップス業界の刊行物が取り上げがちだった成功物語とずいぶん違っている。そのように取り上げられた店のひとつ、ニューカッスル・アポン・タインのバウアーズ・レストランには「巨大映画館も顔負けの広々とした玄関広間」があり、そこは「現代的な様式で完璧に装飾され、床暖房が設置され、豪華な長椅子と水槽が置かれ、柔らかく輝く配色が施され、間接照明が付けられ、たくさんの花々が飾られた大きな窓を備えていた」と描写されている。このレストランのオーナー、ジョージ・バウアーもまた元炭鉱労働者だった。彼が最初の店を開いたのは一九二五年だった。これが大いに繁盛したために、流行りに合わせた拡大戦略を取っていたのだった。[*27]

こうした店舗がどれほど例外的なものであったかを強調しておかねばならない。店の大きさと従業員数に関する統計を見れば、二〇世紀の大半の時期、カウンター越しの店が主流だったことが分かる。なお、この店舗形態は持ち帰り専門店の原型となり、一九六〇年代以降は中国料理やインド料理を売る店もそれを踏襲していった。実際、一九五五年の時点では、店舗にレストランを併設していたのは、フィッシュ・フライヤーのわずか二六パーセントにすぎなかった。[*28] チャットチップはフライドフィッシュ店について簡潔に説明しながら、間取り図を一枚描いている。それは正面玄関、一五×一五フィート（四・六×四・六メートル）の店内、合わせて二一×一二フィート（六・四×三・七メートル）の広さのキッチンとパントリー、そしてバックヤードから構成されている。[*29] 彼は別の間取り図もいくつか載せているが、そこには居住空間を合わせ持つ店舗も含まれている。一九一四年には、彼はフライドフィッシュ店の大多数が「あまり魅力的ではない」と不満を訴え、壁をタイル張りにするといった見栄えを改善する方法をいくつか提案している。[*30] 一九三二年にパルマーズ・グリーンのグリーン・レーンズに出来たスミスズ・サパー・バーは、同店の外観、内装、揚げ物用の機材を描写した『フィッシュ・トレーズ・ガゼット』誌の特集記事で言われているように、この当時に理想とされた店の設え《しつら》を体現していた。[*31] 一九五一年に某所で店を営んでいたあるフライヤーが、彼の店の日常業務を説明してくれている。それによれば、夜の営業は「通常」、次のようなものだった。

まず一時間、チップスの需要があり（ほとんどが子どもたちである）、ごくたまにフライドフィッシュの注文が入る。その後、変わった客が時折来る程度の静かな時間を迎える。八時頃になると、夕食用のフィッシュ・アンド・チップスの販売が始まり、それが九時半頃まで続いた後、周辺地域のパブの客が店から締め出される頃まで、再び「凪」になる。パブの閉店時間は午後一〇時である。そしてまたひとしきり忙しい時間が来るが、大体一〇時四五分には客足がまばらになり、それで店を閉める頃合いだと分かる。[*32]

大規模店の登場

この描写は、前世紀の大半の期間、イギリス中の数多の場所にあったフィッシュ・アンド・チップス店の特徴を捉えていた。一方、大戦間期にはレストランも登場し出し――時として規模の大きなレストランが現れた。この傾向は二〇世紀後半まで続いた。[*33]一九三三年の著作でH・T・リーヴスは、レストランをフィッシュ・アンド・チップスの商売の一部と考え、レストランの始め方やその装飾の仕方について提言している。[*34]こうしたレストランのなかには、飲食業界の他の部門の流行りに乗り、大戦間期にかなりの規模で営業していた店もあった。そのような大規模店は概して、イギリスの他の地域より早く大戦間期の不景気を抜け出したイングランド南部に多かった。ハロー北部にあったインペリアル・レストランは最も優雅なフィッシュ・レストランの例で、実際店の至るところに「楢材《ジャパニーズ・オーク》」が使用されていた。取材に訪れた『フィッシュ・トレーズ・ガゼット』誌の記者は、装飾に注目した以外に、持ち帰り料理の販売がレストラン事業とはっきり分けて行われて

インペリアル・レストラン（1932年）

いると指摘している。[*35] 一方、同誌はハイゲートにあったモリストンズのことを「フライドフィッシュ店と軽食堂《スナック・バー》とレストランが一緒になった極めて合理的な最新式の店舗」と形容している。[*36]「コンクリートとガラスで出来たモダニズム」と称されたキャンベイ島のコモドール・カフェは、アメリカン・ダイナーの雰囲気と外観を備えていた。開業したのは、「元々グラスゴーで魚料理」を出す店をしていたG・ブルチアーニとE・ビアゴーニで、その街の競争が激しくなったため「南下してきた」のだという。[*37] その店はゆうに一五〇〇人を収容することができた。

マス・オブザーベーション〔一九三七年に設立されたイギリスの社会調査機関〕が一九四一年に行った「休暇」に関する調査のなかで、ブラックプール〔イングランド北西部のアイリッシュ海に面した都市。リゾート地として有名」についての記述があり、次のようなことが指摘されている。「食事付きの宿泊施設以外で取られる食事のなかでは、フィッシュ・アンド・チップスが、断然一番人気である。ブラックプール中のレストランで調査した三〇〇近くの食事のうちの」三三パーセントに「チップド・ポテト」が入っており、二七パーセントにフライドフィッシュが入っていた。[38] 一九五〇年代には大規模店がイングランド北部でも見られるようになっていた。ニューカッスルのバウアーズ・レストランは六〇人のスタッフを抱える壮大な規模で営業されていた。[39] リーズのニュー・ブリゲートのヤングマンズ・フィッシュ・レストランは、一時間あたり二〇〇〇人に食事を提供できると謳っていた。チードル・ヒースのフィドラーズは、一階《グランド・フロアー》に持ち帰り用のカウンターと軽食堂《スナック・バー》があり、二階《ファースト・フロアー》のレストランは「個別の色付きスポットライトが各テーブルを照らし」、窓には緑色のベルベットのカーテンがかかった「くつろげる」雰囲気だった。昼時には近隣の工場の労働者が、夜にはこのストックポート郊外の町に住む地元民が、店の常連客になっていた。[40]

初期のチェーン

二〇世紀後半にフィッシュ・アンド・チップス店が減少しはじめると、多くの論評者たちは、多数の系列店を持ち、独立自営の個人店を弱体化させるアメリカの多国籍企業の脅威を重大視した。フィッシュ・アンド・チップスの草創期には、この料理に特化したチェーンは稀な存在だった。ただ、二〇世紀末に登場するアメリカのファストフード・レストランや、後にハリー・ラムズデンズ〔イギリスに拠点を置くフィッシュ・アンド・チップスのチェーン〕名義で展開されることになる店に比べれば小さな規模であったものの、そうしたチェーンは確かに存在していた。一九五〇年に一万六三三五四社あった事業者のうち「二軒以上の店舗を所有していたのは四四二社のみであり、五軒以上を所有していたのは二二社だった」[*41]。つまり、わずかではあるが小規模の「チェーン」が存在していたのである。たとえば、ピクトンズは一九二七年にはレディングとマーゲートに二軒のレストランを所有していた。マーゲートの店は「一度に七〇〇人が座ることのできる」巨大な店舗で、レディング店の方は二〇〇人を収容できた[*42]。より手広く飲食業を展開している会社がフィッシュ・アンド・チップス店を開くこともあり、たとえばブラックプール・ケイタラーズ社は一九三六年にウォルゲート・フィッシュ・アンド・チップス・レストラン・アンド・スナック・バーを開店した[*43]。一九六〇年代にジャック・コーヘンがフィンズベリー・パークにクオリティ・フィッシュ・バーを開いた際、彼はそれをチェーンの一号店とみなしていた。同様に、アーニー・ベケットとJ・G・スプロットは一九六六年に、クリーソープスで「北部のレストラン・チェーン」を「創業した」[*44]。しかし両者とも大きく拡大することはなかった。

移動販売の発展

したがってチェーンはやはり稀な存在で、フィッシュ・アンド・チップス店といえば、普通はレストランすら併設されていない小規模の家族経営店であった。規模の面ではチェーンの対極にある移動販売のフィッシュ・フライヤーたちも――これもこの料理の歴史の大半にわたって存在した商売のかたちだった――既存の同業者から疑惑の目で見られている。それはかれらが、あらゆる場所の顧客を奪ってしまう潜在的な力を持っているからである。一方で、こうした移動するフライヤーたちの起源は、固定的な店舗を持つ同業者の起源と同じく、メイヒューが描いた街頭商人に求める

フライング・スクワッド（ベドフォード、1936年）

ことができる。しかし他方で、持ち運びできる特別なコンロが登場したことは大きかった。たとえば、一八八〇年にジョン・ラウズが製造した「ダンディ」は荷馬車に乗せて運ぶ形態のものだった。大戦間期にはフィッシュ・アンド・チップスを揚げる作業とその販売を行う移動式のレストランも登場した。スタンレー・ベイズはベドフォードで、車四台からなる移動式フィッシュ・レストラン部隊を設立し、それを「フライング・スクワッド」と名づけた。各車、午後四時に本部を出発し、真夜中に帰還するまで、それぞれ約六〇キロの距離を走行した。移動販売車での商売は、第二次世界大戦中から終戦直後にかけての時期にピークに達した。これは一つには、魚が一九四五年以後の食糧配給の対象にならなかったからであり、また一つには疎開児童たちが、日頃食べていたものを求めたからである。一九五〇年代初頭には、自動車会社のモーリスがフィッシュ・アンド・チップス専用のキッチンカーを生産した。こうした商売は僻地や、地方自治体が固定店舗に営業許可を出さなかった地域で行われていた。*45

フィッシュ・アンド・チップス店の規模にかかわらず、オーナーたちは多岐にわたる情報源から、商売の成長と生き残りにとって有用な助言を得ることができた。なかでもフィッシュ・フライ

リーズにあるNFFFの本部（2013年）

ヤーたちの利益を代表する各種団体の存在は大きかった。特にNFFFは、助言を提供しただけでなく、魚やジャガイモをはじめとする原材料の価格や供給といった、会員に影響を与えるさまざまな問題について政府に陳情を行った。また同連盟は設立以来、ほとんどの期間にわたって年次会議を開催し、イギリスの大半の地域に地方団体のネットワークを張り巡らせてきた。ピーク時には一〇万の会員がいたと考えられる。[*46]

調理機器・道具の進化

専門的な機器や道具が購入できるようになったことも、フィッシュ・アンド・チップスの商売の確立に寄与した。さまざまな製造企業——草分けとなった企業は一九世紀末には登場していた——が、開業希望者に対して必要な機材を供給しつづけたからである。こうした機器や道具は二〇世紀を通じて、技術発展と熱源の種類に合わせて変化していった。

一九二〇年代初頭にチャットチップは、フライヤーに必要なあらゆる機器と道具と、それぞれの購入可能な種類について記事を書いている。やはり揚げ物用コンロが最も重要だった。チャットチップは揚げ物用コンロの熱源として、ガス、電気、石炭、コークを使用することの是非について論じているだけでなく、フライヤーがその機器を購入する際に考慮しなければならないポイントを列挙している。たとえば、煙やにおいの抑制、使い勝手や掃除のしやすさなどである。それから揚げ物用コンロは「多くの場合、店内で最も目を引く備品になる」ため、「見た目が魅力的」かどうかも大事な点だと述べられている。[*47] またチャットチップは、ジャガイモの皮をむく機械やそれを拍子木型に切る機械の発展についても言及している。[*48] 前者は「ジャガイモ皮むき棒」という脚の先に器具が取り付けられた木製スツールのようなものから、一連の大型機械へと進化を遂げていた。他にも、魚をおろすためのナイフ、骨抜き用のナイフ、チップスの保温器、揚げた魚の油を切るザルなどが取り上げられている。[*49]

1920年代初頭における最新式ジャガイモ皮むき機

一九世紀末以降、フィッシュ・アンド・チップス業界への機器の供給を目的として、さまざまな企業が発展した。一九三七年までに少なくとも二八社が誕生していたが、それらはランカシャー州とヨークシャー州に集中していた。この傾向はその後も続き、一九六〇年代には半径約八〇キロメートル以内に一六社が集まっていた。この頃には、ほとんどのフライヤーは自分の店に合わせた特注の揚げ物用コンロの製造を依頼するようになっていた。

二〇世紀を通じて、技術の発展によってフライヤーが買える調理機器は明らかに変化していった。電力の供給はそうした変化に大きな役割を果たした。一九三〇年代以降はガスの重要度も次第に高まり、第二次世界大戦後には主として値段の安さから、電気を抑えて最も普及した。一方、ジャガイモを拍子木型に切る機械は、一八七〇年代に手動式のものが登場していたが、一九六〇年代には電動化された。また、揚げ物用コンロも変化していったが、様式が変わったというだけでなく、ステンレス鋼の使用が急速に増えたことが大きかった。[*50]

1920年代の揚げ物用コンロ

インフラや労働力、起業家精神も、フィッシュ・アンド・チップスという食べもの自体の発展の背景になっていた。実在した店舗の種類に関する統計を見れば、ほとんどの人々はフィッシュ・アンド・チップスを家で食べていたことが分かる。一九二〇年代から一九三〇年代にかけて、座って食べられる軽食堂《スナック・バー》やレストランが出現していたにもかかわらず、家で食べられていたのである。一九二〇年代初頭には、魚の衣揚げ《バタードフィッシュ》とフライドポテトという形式の面だけではなく、揚げる方法や塩と酢の使用、そしてエンドウ豆やミートパイといった付け合わせの副菜が買えるようになったことも含めて、この食べものを構成する基本的な要素がすでに確立されていた。

食材の吟味

一九世紀の大半の時期にはツノガレイ《プレイス》が最も人気の魚だったが、他の品種も次第に目立つようになっていった。二〇世紀が進むと、まずはタラが、続いてコダラ《ハドック》が最も人気の魚になった。漁業と流通の方式の改善によって入手が容易になったためである。一九三〇年代には地域差が現れ出していたようで、ウェールズではメルルーサ《ヘイク》が、ロンドンではガンギエイ《スケイト》の人気が高かった。一九六〇年代末には、漁獲量の不足のせいもあって、こうした地域差はまた変化したようである。それら以外では、オヒョウ《ハリバット》や、一九世紀の頃のフライドフィッシュを思い出させるツノガレイ《プレイス》やシタビラメ《ソール》なども人気だった。[*51] チャットチップは、タラ、コダラ《ハドック》、スケトウダラ《ポロック》、ミナミダラ《ホワイティング》、メルルーサ《ヘイク》、ホウボウ《ガーナード》、シタビラメ《ソール》、ツノガレイ《プレイス》、オヒョウ《ハリバット》など、あらゆる種類の魚を使うよう勧めている。[*52]

H・T・リーヴスはこれらすべての魚について論評を加えている。彼はタラについて「最高の満足をもたらす」ので「不可欠と言っていい」と述べているが、検討したほとんどの魚の利点と味についても簡潔に説明している。[*53] 突き詰めれば、魚の選択において肝心なのは、手に入りやすさ、それに応じて決まる価格、それら二点より重要度は落ちるが味の問題、これらを除けば、揚げるのに向いているかどうかということになる。それゆえ、脂を多く含むニシンやサバは持てはやされなかったわけである。そして白身魚が重要であることもこの理由から説明できる。フィッシュ・アンド・

チップスの商売は、生魚が入手しやすくなったことによって発展したのだが、第二次世界大戦後には、氷産業がさらに発展した結果、一部のフライヤーは冷凍の魚を手軽に買うようになっていた。もう一つの主要材料であるジャガイモも、一九六〇年代には拍子木型に切って冷凍したものが購入できるようになっていたが、ほとんどのチップス店のオーナーはこれを使うことに抵抗した。[*54]チャットチップが読者に「商売は主に評判の上に成り立っているということを覚えておくように」と助言した頃には、そうした技術革新はまだ起きていなかったため、フライヤーたちは細心の注意を払って最良のジャガイモを選び、「可能なかぎり廃棄分が出ないようにし、調理工程ではジャガイモが油《ファット》を吸いすぎないよう節約に努め、出来上がったときに味がよいだけでなく消化にもよいものとなるように」と心がける必要があった。彼は読者に、極早生《ごくわせ》、早生《わせ》、晩生《おくて》と時期に応じたジャガイモを買うように助言し、それぞれの時期に手に入るジャガイモの種類についても詳しく述べている。[*55]一方リーヴスは、「チップスを揚げることをひとつの技芸《アート》と考えなければなら」ず、そこではこの調理法に適したジャガイモの選択が重要な役割を果たすと書いている。「フライドポテトチップスの出来と色味を均一に揃えることの重要性は、どれほど強調してもしすぎることはない」[*56]。一九五〇年三月の『フィッシュ・フライヤーズ・レヴュー』誌に載っている記事が指摘しているように、ジャガイモ選び以外にも、油の温度が重要な役割を果たし、その温度を維持することも同様に重要であった。

完璧に仕上げるためには、揚げる工程だけでなく、揚げ油の選択も肝心だった。店ごとに使っていた油に違いがあり、大抵は地域的な好みが踏まえられていた。一九世紀末期から大戦間期にかけては、綿実油が重要な揚げ油として定着していた。二〇世紀前半はラードか脂汁のどちらかが多かったが、その他にもフライヤーたちは落花生油や菜種油、ココナッツ・オイルといった植物油を使用していた。チャットチップとリーヴスは二人とも、これらの多様な揚げ油それぞれの優劣を理解していた。[*57] 一九五〇年代になると『タイムズ』紙のある記事が、次のように書くような状況になっていた。「北部では揚げ油として主に脂汁が使われているが、他のところでは落花生油、綿実油、パーム油が使われている」。[*58] この傾向は一九三〇年代には定着していたようで、その頃の「北部の人々は魚を脂汁で揚げるが、南部の人々は堅果油を好んで」いたという。[*59]

チャットチップたちは「フィッシュ・アンド・チップスの商売に必要な副次的な材料」についても吟味している。チャットチップはそれらについて「副次的なのは分量の点だけ」だと述べている。たとえば小麦粉について彼は読者にこう助言する。「フィッシュ・フライヤーが魚の質にこだわったとしても、衣に使う小麦粉にもこだわっていなければ、全く意味を成さない」。彼は「安物の浅黒い小麦粉」は使わないよう勧めている。また使用する酢についても秘訣を伝授しており、ワイン・ヴィネガー、モルト・ヴィネガー、リンゴ酢、シュガー・ヴィネガー、木酢といったさまざまな種類があるなかで、「今は名高いフライヤーのほとんどが、水で薄めたピュア・モルト・ヴィネガーを使っている」と指摘している。[*60]

付け合わせの副菜

二〇世紀が進むと、フライヤーたちは次第にフィッシュ・アンド・チップスに加え、他の商品も販売するようになった。最初に登場したのは煮たエンドウ豆だった。この起源はメイヒューが描いた一九世紀半ばのエンドウ豆スープ売りに求められるかもしれない。[*61] チャットチップはエンドウ豆を「儲かる商品」だと考えていた。彼が言うには、「それまでエンドウ豆を店で売ることが一般的でなかった地域の多くのフライヤーが」、彼の勧めに従い「それをメニューに加えたところ」、「それぞれの店の客に歓迎され、好評を得た」らしい。チャットチップはマローファット〔粒の大きさが特徴のエンドウ豆の一種〕を使うようにと力説している。これはすなわち、後にマッシーピー〔乾燥したマローファットを一晩かけて水で戻してから、形がくずれるまで煮たもの〕として知られるようになるものである。マッシーピーはおそらくメイヒューが描いたエンドウ豆スープが変化したものだろう。[*62] シュロップシャー州のあるフライヤーは一九二〇年、ジャガイモ不足を受けてエンドウ豆とインゲン豆の両方を売り出してみると、「非常に売れ行きがよかった」という。[*63] 一九二〇年代初頭の別の記事もマローファットを勧め、特にランカシャー州ではエンドウ豆が重要になってきていると述べている。[*64] 同州はエンドウ豆消費の中心地という地位を一九五〇年代から一九六〇年代まで維持していたようであるが、その頃にはエンドウ豆の人気はヨークシャー州にも広がっていた。一九五八年にあるランカシャー州の会社が生産した、エンドウ豆を入れるための使い捨てカップ二〇〇万個のうち、「九五パーセントがランカシャー州とヨークシャー州のフィッシュ・アンド・チップス店に納入された」のだという。[*65] 温かいエンドウ豆は「一部の地域では数年前からフィッシュ・アンド・チップス店の定番になっているが……蓋が付いた特別な紙製カップを使うことで、手早く簡単に一人前を取り分けられるようになり、元々エンドウ豆を販売していた店では売上も利益も伸びた」そうである。[*66]

他の食べものもフィッシュ・アンド・チップス店のメニューに並ぶようになったが、一九五六年でも「『カウンター越しに』販売される商品の九五パーセントをフィッシュ・アンド・チップスが占め、エンドウ豆やインゲン豆、瓶入りのソースやピクルス、ミネラルウォーター、煙草、ときには棒付きキャンディやアイスクリームにまで含まれた他の取扱商品を合わせて、残りの五パーセント程度という店が何千とあった」。このように伝えた『フィッシュ・フライヤーズ・レヴュー』誌の記事は、ソーセージを衣揚げか素揚げにして販売してはどうかと提案している。[*67]この時期には各種のパイもよく売れるようになり、特にランカシャー州での売れ行きがよかったが、[*68]やがて他の地域にも広がっていった。実のところ、パイはもっと早くから登場していた。一九三六年九月九日付の『マンチェスター・ガーディアン』紙の記事にこうある。「北部では長年にわたり、恋人との夜のデートの締めとしてフィッシュ・アンド・チップスか、趣向を変えてパイにチップスとエンドウ豆を添えて食べるのが、郊外に住む青年の習慣になっている」。一九四三年のある日に「労働者階級が住む地区の典型的なパブの隣にある典型的なチップス店で」行われた調査では、四二五人がフライドフィッシュを買った一方、一〇五人の客はステーキパイを購入したと指摘されている。[*69]しかしながら、この当時の北部のフライヤーが皆、パイを提供していたというわけではない。一九四一年五月の時点で、ブラックプールのある店はパイを提供していなかったが、エンドウ豆の方は間違いなく人気商品になっていた。[*70]

フィッシュ・アンド・チップスをさまざまな付け合わせの副菜とともに食べていた人々の圧倒的大多数は、それらを家の外で購入し、レストランで食べるか、家に持ち帰って食べていた。しかし、二〇世紀の料理本を見れば、その料理を家で作っていた人もいたということが分かる。一九四八年に食糧省が出版した『魚料理』に関する本では、揚げ物をはじめ魚のさまざまな調理法が紹介されている。同書では四種類の揚げ衣が紹介されており、そのひとつ「厚衣《シック・バッター》」は「小麦粉四オンス

〔=約一一〇グラム〕と卵一つ――生卵でも粉末乾燥卵を戻したものでもよい――に、塩、胡椒、牛乳か水を（テーブルスプーン約五杯）混ぜて作るとある。[71] 一方、グッド・ハウスキーピング研究所が編纂した本には、「魚の衣揚げ《フライドフィッシュ・イン・バッター》」のレシピが、「ポテトチップス」と一緒に盛り付けられた写真と一緒に掲載されている。[72] しかしながら、これらの一般大衆向けの料理本にはそういったレシピが収録されてはいるものの、魚の調理法を紹介した他の書籍には載っていない。[73]

2 衰退

ファストフードと外国料理の到来

このようにイギリスにおけるフィッシュ・アンド・チップスは二〇世紀最初の数十年間に最盛期を迎えた。当時の多くの統計資料からはその人気ぶり、特に労働者階級のあいだでの人気ぶりがうかがえる。一九六〇年代には、中国料理とインド料理の持ち帰り専門店が到来したこともあって衰退の兆しが現れたが、一九七〇年代以降、それら二つの料理がイギリスの大通りや消費者の家庭で存在感を高めていくにつれて、この衰退はより顕著になっていった。同じ頃、アメリカ式のファストフードの普及も、イギリスのフライヤーたちの命運を脅かした。多様化はイギリスにおけるフィッシュ・アンド・チップスの歴史につきものの要素だった。しかし、フィッシュ・フライヤーたちが、新来のアメリカのファストフードや、キプロスやトルコから来た移民が営むケバブ店で売られているもののような新しい持ち帰り料理に対抗しようとするなかで、二〇世紀最後の数十年にますます多様化が進展していった。境界線が少々曖昧になり、ケバブやバーガーといった他の食品を主に売っていた持ち帰り専門店が、メニューのひとつとしてフィッシュ・アンド・チップスを提供しはじめるという事例もあった。また、この料理はチップ・ショップの外にも出ていった。前述のような他の持ち帰り専門店で売られるようになっただけでなく、主流のレストランにも〔特に金曜日の〕主要メニューとして取り入れられるようになり、さらにはスーパーマーケットの棚に出来合いの冷凍フィッシュ・アンド・チップスが並ぶようになると家庭にも入っていった。ここ数十年における他の大きな変化としては、チェーンの重要性が高まったということがある。〔フィッシュ・アンド・チップスの〕チェーンは二〇世紀初めの数十年には大した役割を果たしていなかったが、フライドチキンやハンバーガーを販売するアメリカのフランチャイズへの対抗もあり、その世紀の終わりに重要な存在になった。ハリー・ラムズデンズの成長はこうした展開の好例であるが、もっと小規模のチェーンも続々と発展した。

フィッシュ・アンド・チップスが衰退していたかどうかという問題は複雑である。その衰退を裏付けるある統計によれば、イギリス国内のフィッシュ・アンド・チップス店はたしかに減少している。だが、この点から見ても減少は緩慢で、フィッシュ・アンド・チップスはイギリスで最も人気の持ち帰り料理の地位を保っているように思われるのである。しかしながら、業界誌や主流の新聞、政府報告、民間の小売調査機関が行った調査報告書には、フィッシュ・アンド・チップス店の減少の分析と説明を試みる記事が定期的に登場していた。

上の表が示しているように、〔フィッシュ・アンド・チップス店は〕二〇世紀を通じて徐々に減少してきた。こうした統計からは、一九六〇年代以降に登場したインド料理や中国料理のレストランの成功と、アメリカのファストフードの台頭がうかがえる。後者の代表がケンタッキー・フライドチキンとマクドナルドで、それぞれ一九六〇年代、一九七〇年代に存在感を示しはじめた。[*75]

フィッシュ・アンド・チップス店およびレストランの店舗数の減少

年	実数あるいは推定数
1921	25,000
1950	17,216
1960	13,750
1977	11,000
1992	9,500
2003	8,600

出典：*FTG*, April 1921; *FFR*, October 1954; R. A. Taylor, *The Economics of White Fish Distribution in Great Britain* (London, 1960), pp.141-2; Acumen Making Group, *A Report on the Take Away Food Market in Britain* (London, 1978), p.4; MINTEL, *Eating Out 1992* (London, 1992), p.2; *Observer*, 19 January 2003. [*74]

衰えぬ人気の高さ

にもかかわらず、フィッシュ・アンド・チップス店は、インド料理・中国料理の持ち帰り専門店やアメリカの多国籍企業との競争において、ある程度の成功を収めていたのである。一九七一年中、イギリス人は「フィッシュ・アンド・チップスに一年間で一億三〇〇〇万ポンドを使ったが、これはあらゆる外国料理のレストランと持ち帰り専門店で支出した額の合計に相当した。……中国料理レストランが総売上高のうちの約三〇〇〇万ポンドを占め、インド料理店が約二〇〇〇万ポンド、その他の外国料理のレストランの合計が約八〇〇〇万ポンドだった[*76]」。その四年後、『フィッシュ・トレーズ・ガゼット』誌に掲載された記事によれば、中国料理を出すレストランと持ち帰り専門店計三七五〇軒の年間売上高が二七〇〇万ポンドだったのに対し、フィッシュ・アンド・チップスの店とレストランを合わせた計一万二〇〇〇軒の売上高は、一億七〇〇〇万ポンドだった。その記事はケンタッキー・フライドチキンの到来にも言及し、フィッシュ・アンド・チップス店は「北部やスコットランドでは優勢」を保っているものの、「南部ではイングランド料理だけでなく外国料理の持ち帰り専門店が非常に好まれている」と述べている。[*77] この当時、「イギリスのフィッシュ・アンド・チップス店は毎日二〇〇〇トンのジャガイモと一〇〇〇トンの魚」を消費していた。[*78] 一九七七年には、三万二五〇〇軒の飲食店・小売店が、一年間で四億八〇〇〇万ポンド相当の持ち帰り料理を販売した。フィッシュ・アンド・チップス店はいまだ一万一〇〇〇店を数え、持ち帰り料理市場の三分の一以上を占める最大の存在であり、ライバルには二位につけている「カフェ」がある程度だった。この頃には、移民が所有していたフィッシュ・アンド・チップスの店やレストランのなかには、メニューの一部として中国料理やケバブを販売していたところもあり、またフライドチキンやハンバーガーやピザもメニューに入るようになっていた。[*79] 異なる手段を用いて行われた別の調査では、一九八一年中に販売された持ち帰り料理の四三パーセントをフィッシュ・アンド・チップスが占めたと述べられている。[*80] フィッシュ・アンド・チップスの人気は、社会階層の下層に属する集団のあいだで最も高かったが、あらゆる年齢層の人々が日常的にそれを食べていた。[*81]

それから一〇年後には、市場シェアをかなり奪われてしまったが、フィッシュ・アンド・チップスはその地位を保っていた。あるアメリカの調査はこう述べている。「伝統的なチップス店は、一二億ドルのファストフード市場のうちの二五パーセントのシェアを依然確保していた」[*82]。一九九二年に市場調査会社のミンテルが発行した、イギリスの外食動向に関する詳細な報告書『イーティング・アウト』は、フィッシュ・アンド・チップスの地位が大きく下落していると示唆しているが、同時にこの料理の根強い人気ぶりを強調している。同報告書によれば、「飲食業を営む一二万七〇〇〇店」のなか、パブが三三パーセントと最大の割合を占めてはいたが、「フィッシュ・アンド・チップスの持ち帰り専門店およびレストラン」は二四パーセントで二位につけていた。加えて、フ

1960年代の漫画。インド料理・中国料理の持ち帰り専門店が登場してきた際に、フィッシュ・アンド・チップス店が抱いた懸念と自負をよく表している

ィッシュ・アンド・チップス店は、イギリス国内にある持ち帰り専門店三万一五〇〇店のうちの九五〇〇店を占め、店舗数の点では一番の人気の高さを示していた。だが、市場シェア（二五パーセント）ではサンドウィッチ（二六パーセント）とハンバーガー（一八パーセント）の後塵を拝した。この頃にはハンバーガーやフライドチキンのチェーンだけでなく、ピザ・レストランも地位を確立していた。それでも売上高の点では、フィッシュ・アンド・チップスは他の種類の持ち帰り料理と同じく成長を見せていたのである。さらにフィッシュ・アンド・チップスは、それを食べている人口割合の点でも、依然イギリスで最も人気のあるファストフードであった。これは、どの年齢層にも、そしてイギリスのどの地域にも当てはまる事実だった。[*83] しかし、次の十年間も衰退は続いた。二〇〇三年になっても、イギリス人の五〇パーセントがフィッシュ・

アンド・チップスを月に一度は食べていたが、毎週食べていたのは一四パーセントにすぎなかった。にもかかわらず、二〇〇九年の時点でもフィッシュ・アンド・チップス店はまだ、イギリス産ジャガイモの総収穫高の一〇パーセントを買い上げていた。[*84] 二〇一二年には、ミンテルはフィッシュ・アンド・チップス店をケバブ店と同じカテゴリーにまとめた。この区分に従うと、このカテゴリーの持ち帰り料理は、「中国料理、インド料理、タイ料理、日本料理、メキシコ料理など」からなる「エスニック」に続く、二番人気という結果になった。[*85]

チェーン化の成功と失敗

ここ数十年のあいだにフィッシュ・アンド・チップス業界にはいくつもの変化が起きた。変化の背景には、多国籍企業やインド料理・中国料理を出す持ち帰り専門店がもたらした脅威があったが、新たな技術によって変化が促された面もあった。なによりの変化は、さまざまな規模のチェーンが登場したことによる店の所有形態の変化である。しかしながら、チェーンが所有したのはフィッシュ・アンド・チップス店のうちのごく少数にすぎなかった。一九六〇年代以降の中国料理やインド料理の持ち帰り専門店の登場が端的に物語るように、イギリス社会にはまだ小規模自営業者が生きていける余地が残されているのである。[*86]

一九七〇年代末に二〇店舗以上の系列店を所有していた会社は、フライア・タックとシーフェアラーの二社のみだった。ランク・ホーヴィス・マクドゥーガル社傘下の前者は、グレーター・ロンドン〔シティと三二の区からなる首都ロンドンの行政区域全体〕内に二三店舗を構え、アソシエイティッド・フィッシャリーズ社傘下の後者は、ハリー・ラムズデンズ名義の店を含め、二二店舗を運営していた。実のところ、いくつかのチェーンは一九七〇年代中に店舗数を減らしていた。一九七八年には上記二社以外の六グループで合計五九店舗を運営していた。しかし、同年に一七の店を対象に行われたある調査によれば、そのうち一六店の従業員数は五人未満だった。[*87] 二〇世紀の大半を通じて続いてきたパターンが踏襲されていたわけである。チェーンの成長の一部は、既存の店舗の買収によるものだった。たとえば、アソシエイティッド・フィッシャリーズ社は一九七〇年、コヴェントリーのムアーズ・フィッシュ・レストランを購入した。[*88] 一九八五年には、同社所有のシーフェアラーの系列店は「北部のリーズから、中部のウルヴァーハンプトンやコヴェントリー、南部のキャンベイ島と」各地に存在した。[*89] 実際シーフェアラーの事業は、イギリス初のハンバーガー・フランチャイズだったウィンピーのような全国チェーン展開を目標に、一九六〇年代半ばという早い時期に始められたのだった。しかしながら、数々の理由からこの目標は実現しなかった。たとえば、他の持ち帰り料理と比べ、フィッシュ・アンド・チップスの調理が複雑だったことや、この料理に関係する建築上の規制が多かったことが理由だった。加えて、シーフェアラーのようなチェーンが登場した時期には、アジアやアメリカに起源を持つ新来の食べものへの関心が高まっていたのに対し、フィッシュ・アンド・チップスに対する人々の興味は薄れていた。さらに言えば、小規模事業者のなかにはフランチャイズ店のオーナーになることで得られるサポートを有り難がる者もいたが、それによって自分たちの独立性が限定されると捉える者もいたのである。[*90] 一九七〇年代から一九八〇年代には、他にも短命に終わったチェーンがいくつも登場した。たとえば、ウェストボーン・ケイタラーズ社が所有したハングリー・フィッシャーマンとミスター・チッピーは、一九七六年にはロンドンとイングランド南東部に一七店舗あった。これらの店舗は、一九八五年にランク・ホーヴィス・マクドゥーガル社傘下のマナー・ケイタラーズ社に取り込まれたようである。その結果、マナー・ケイタラーズ社はイングランド南部と南西部で四四店舗を運営することになった。こうした動きは、二〇世紀後半における大企業の勝利を反映していた。ヒュー・ダンカンとピーター・リプスコームは一九七〇年年代から一九八〇年代にかけて、ロンドン北東部でフィッシン・チッキンというフランチャイズを展開していた。同時期、ドイツでフィッシュ・レストランのチェーンを展開していたノルトゼー社がイギリスのフィッシュ・アンド・チップス市場にも参入したが、この特殊な試みは短命に終わったようである。[*91] 早くも一九九〇年代には、チェーンの所有店舗数やブランド戦略に変化が見られるようになった。クリスピンズ——当時はKCレストランツに所有されていた——が運営していた店舗は、ピーク時の四五店から一二店にまで落ち込んでいた。メリーウェザーズ、スーパー・フィッシュ、ミスター・コッド、ノルトゼー、ハリー・ラムズデンズが運営していた店舗は、すべて合わせてもたったの三一店になっていた。[*92]

ハリー・ラムズデンズの躍進

ハリー・ラムズデンズは数々の所有者の手を転々としたが、結果的にあらゆるチェーンのなかで最も長く続き、そして最大の成功を収めることになった。一九二八年にリーズ近郊のガイズリーで、自身の名を社名にしたオーナーによって創業された同社は、自称世界最大のフィッシュ・アンド・チップス店になった。一九七二年、アソシエイティッド・フィッシャリーズ社が元の店舗を買収、数々の統計に基づいてこのレストランを売り出し、その地位を向上させた。ハリー・ラムズデンズは一九七〇年代から一九八〇年代に支店を増やしはじめたが、一九八九年一一月に重要なターニン

ロンドンのユーストン駅構内にあるハリー・ラムズデンズの支店

グ・ポイントを迎えた。この時、ロンドン証券取引所での新株発行によって資金調達を試みたのである。これは〔当時のハリー・ラムズデンズ社長で〕元英国ケンタッキー・フライドチキン社長のジョン・バーンズが案出した戦略だった。結果、募集枠を越える多数の応募があった。同社の拡大は当初は限定的なもので、一九九六年にはイギリス国内にレストラン一五店に加えて、〔サウジアラビアの〕ジッダ店とシンガポール店があった程度だった。しかし二〇〇三年には、直営店とフランチャイズ店を合わせて一五七店舗を運営するまでになった。店舗形態もレストラン、持ち帰り専門店、「エキスプレス」店〔駅構内やフードコートにあるキオスク型の売店〕とさまざまだった。しかし系列店の数は二〇一二年には三〇店にまで減少した。[*93]

　このようにハリー・ラムズデンズはかな

り大規模に展開していた。とはいえ、二〇〇〇年時点のイギリス国内にはマクドナルドのレストランが一〇〇〇店、ケンタッキー・フライドチキンの系列店が六〇〇店、バーガーキングの簡易食堂《ダイナー》が四〇〇店、ピザ・エキスプレスのピッツェリアが二八六店あり、ハリー・ラムズデンズは大きく水をあけられていた。[*94] しかしこれは裏を返せば、八〇〇〇軒あったフィッシュ・アンド・チップス店の大多数が、一九世紀末以来確立されてきた伝統を守り、小規模の家族経営の店として存続していたということだった。この点については、フィッシュ・アンド・チップス店をモデルとし、二〇〇〇年頃には一万二〇〇〇軒あった中国料理のレストランや持ち帰り専門店、九〇〇〇軒あったカレーハウスも同じだった。[*95]

受け継がれる店と伝統

一九七一年に『フィッシュ・トレーズ・ガゼット』誌は、マンチェスターのフィッシュ・アンド・チップス業界についてのシリーズ記事を連載し、そこでオーナーたちへのインタビューを行っている。たとえば、バグリーのリーガル・フィッシュ・バーの経営者E・E・プラット夫妻が取り上げられている。長年この業界で働く二人は、冷凍の魚を導入するようになった多くの店とは違い、生の魚を使いつづけていた。夫のプラット氏は商品の質に自信を持っていたが、同時に、商売の成功の理由の一端は、学校が近くに三つあるという好立地と、店を最近改修したことにあると認識していた。一方、チードル・ヒュームのウィテカーズ・フィッシュ・バーは、アカザエビ《スキャンピ》を含む鮮魚はもちろん、新鮮な鶏肉、パイ、さまざまな豆類、カレーソースを扱っていた。オーナーのジョゼフ・ホートンは自ら店に出て、妻と二人の息子、ショップマネージャーと一緒に働いていた。[*96]

その後の数十年においても、イギリス中のこうしたレストランでは、一九世紀末に確立されたさまざまなパターンが繰り返されていったことが、フィッシュ・アンド・チップスの業界誌に掲載された数々の記事からうかがえる。規模が小さいままの店があった一方で、数十人、ときには数百人もの客に料理を提供する店が現れた——これもまた昔からあるパターンを繰り返していた。そうした記事をいくつか読めば、規模はさまざまであっても、家族経営の事業であることが、フィッシュ・アンド・チップスを売る店やレストランの本質的な特性だったことが明らかとなる。またメニューの変化はずっと起きてきたことも分かる。

二〇世紀末になると、一部のレストランはすでに長い歴史を持つようになっていた。多くの場合、父から息子へと同じ家族のなかで守り継がれた店だった。たとえば、ジョージ・レオニドは一九九〇年、兄弟のマリオと一緒に、ロンドンのヴィクトリア・コーチ・ステーション近くのウィルトン・ロードにあったシーフレッシュ・フィッシュ・レストランを経営していた。二人は、一九四〇年代にフィッシュ・アンド・チップス店を創業した父親の跡を継いだのだった。子どもの頃から父親を手伝い、苦労して商売を続けてきたと、ジョージは語っている。そのレストランではチキン、ソーセージ、サビロイ、スパム・フリッターを出していたが、イカリング《カラマリ》など新鮮な魚介を使った料理を目玉にし、アルコール販売のライセンスも取得していた。そしてこの店では、フルタイムとパートタイムを合わせて二〇人ものスタッフが雇用されていた。[*97] 一方、タトナーズは店の場所を何度か変えながらも、スポールディング〔イングランド北東部リンカンシャー州の街〕でフィッシュ・アンド・チップスの商売を続け、二〇〇三年には創業九〇年を迎えた。二一世紀初頭には四世代目がそのレストランで働いていた。この頃になると、同店は持ち帰り料理を販売するだけでなく、空調の効いた環境で待つ一四〇人の客に料理を提供できるようになっていた。[*98] 実際こういった継続性によって重要な専門知識が世代を越えて継承され、場合によっては、特定の地域内で小規模の家族経営のチェーンが形成されることにもなった。たとえば、ロング一家が最初のフィッシュ・アンド・チップス店を開業したのは一九三〇年代で、一九九九年に創業者の孫が六店舗目を開業した。店舗はすべてイングランド南西部にあり、この新店舗ができたのはソールズベリーだった。[*99]

新規参入者

長い歴史を持ち、商売を拡大している店がある一方で、ここ数十年のあいだにフィッシュ・アンド・チップス業界に新規参入した人々もいる。かれらの先駆者たちが一世紀前にそうしたように。なかには、小規模事業者としての経験を持っていた人々もいた。たとえば、フー・ジョーンズとサラ・ジョーンズ夫妻は、以前は「青果」業に従事していたが、二〇〇一年に〔ウェールズの〕ブリジエンドにフィネガンズ・フィッシュ・バーを開業、一二人のスタッフを雇い、週七日店を開けている。同店は「伝統的なフィッシュ・アンド・チップスからヴェジタリアン、チキン、カレー、低脂肪の料理と幅広いメニュー」を揃えるだけでなく、配達サーヴィスも行っている。[*100] 酪農場を継承したジョン・ロジャーズは、妻のケリーと結婚し、子どもたちを授かった後、二〇〇四年に「デボンシャー州の田舎」でジョリー・ロジャーズ・フィッシュ・バーを開いた。農場の利益がほとんどゼロにまで落ち込んでいたこと、また彼は家族と一緒により多くの時間を過ごしたいと思ったことが開業の動機だった。実のところ、ケリーの両親は以前にブラックプールでフィッシュ・アンド・チップス店をしていたことがあり、ケリーと母親にはそこで働いた経験があった。母親も新しい店の開業を手伝い、地元の観光業のおかげもあって店は続いている。[*101] 商売をした経験がほとんど、あるいは全くない者もいた。アラン・スミスは、人員削減で職場を解雇されてからホットドッグの屋台をしていたが、その後一九八〇年代に［スコットランドのハイランド地方にある］アビモア・ショッピング・センター内に、義理の兄弟二人とフィッシュ・アンド・チップス店を開いた。[*102] スティーヴ・グッドエーカーとキャシー・グッドエーカー夫妻は、一九七六年に二人の地元である［イングランド東部の］ピーターバラで、フィッシュ・アンド・チップス店を購入した。そのために住んでいたテラスハウスを売却することになった。スティーヴは以前は「会計の仕事をしていた」。[*103]

業態とメニューの多様化

二〇世紀の初めの頃のように、移動販売車でのフィッシュ・アンド・チップスの商売も生き残っており、相変わらずNFFFから批判を受けている。[*104] 新たな展開としては、家庭への配達サーヴィスがある。これはおそらく、ピザ会社の商売の慣行のために、フィッシュ・アンド・チップス店にも強いられることになったものだと思われる。たとえばピーターバラにあるフィッシュタスティックの店主マット・ベドフォードは、この配達を事業に加えることを決意し、そのためにピザ・イクイップメント社から食品を入れる保温バックを購入するとともに、要求の水準に応えるため三人のドライバーを雇用したのだった。[*105]

ここ数十年でフィッシュ・アンド・チップスは高級市場にも参入した。このことを最もよく物語るのはおそらく、二〇〇四年にセレブリティ・シェフのリック・スタインが、コーンウォール州の海辺のリゾート地パドストウにフィッシュ・アンド・チップス・レストランを、さらに高級な他の

フライドフィッシュの行商はずっと以前から存在してきたにもかかわらず、1949年にイギリスで描かれたこの漫画が示すように、店やレストランのオーナーたちはかれらを脅威とみなしつづけた

店舗と一緒にオープンさせたことである。[*106] この流行に先鞭をつけたのは、一九六〇年代の『フィッシュ・アンド・チップス美食ガイド』の出版だった。[*107] また近年、ワインと一緒にこの料理を食べるというアイデアが人気を博すようになってきた。[*108]

より一層の多様化が、ここ数十年にわたるフィッシュ・アンド・チップス店の発展の特徴となってきた。一九七〇年代の『フィッシュ・トレーズ・ガゼット』誌は、「パイ、パスティ、チキン一人前《ポーション》」という具体例を挙げている。この頃には複数の企業が、特にフィッシュ・アンド・チップス店向けに、さまざまな種類の付け合わせの副菜を提供していた。たとえばボーガンズ・フード社は、「フライドフィッシュ業界と緊密に連携し、フライドフィッシュの売上を奪うのではなく、特別な場合にはフライドフィッシュ主体の食事に代わるものを欲する顧客の興味を引くような商品を開発した」。こうした商品には、冷凍のサビロイやビーフバーガー、ミートパイなどが含まれた。

〔イングランド東部の〕ワトフォードのジー・フライザ・スペシャリティ・フーズ社は、ピザや、鍋で温めるだけで食べられる袋詰の即席中国料理を生産した。[*109] 一九八五年にラムズゲート〔イングランド南東部ケント州の港街〕でリチャード・ベネットが営んでいたフィッシュ・アンド・チップス店兼レストランは、地元の材料を使っていることを誇りにしていた。同店は「タラやツノガレイ《プレイス》、コラダ《ハドック》の切り身〔を揚げたもの〕」、二枚貝《クラム》の揚げ物《フライ》、シーフードの盛り合わせ、エビバーガー、アカザエビ《スキャンピ》の揚げ物」、それから「フライドチキン〔本場アメリカ南部風〕、春巻き、ビーフバーガーといった選りすぐりの肉料理、さらにはソーセージ、パイ、ピザ」まで出していた。[*110] 一九七八年のある調査で

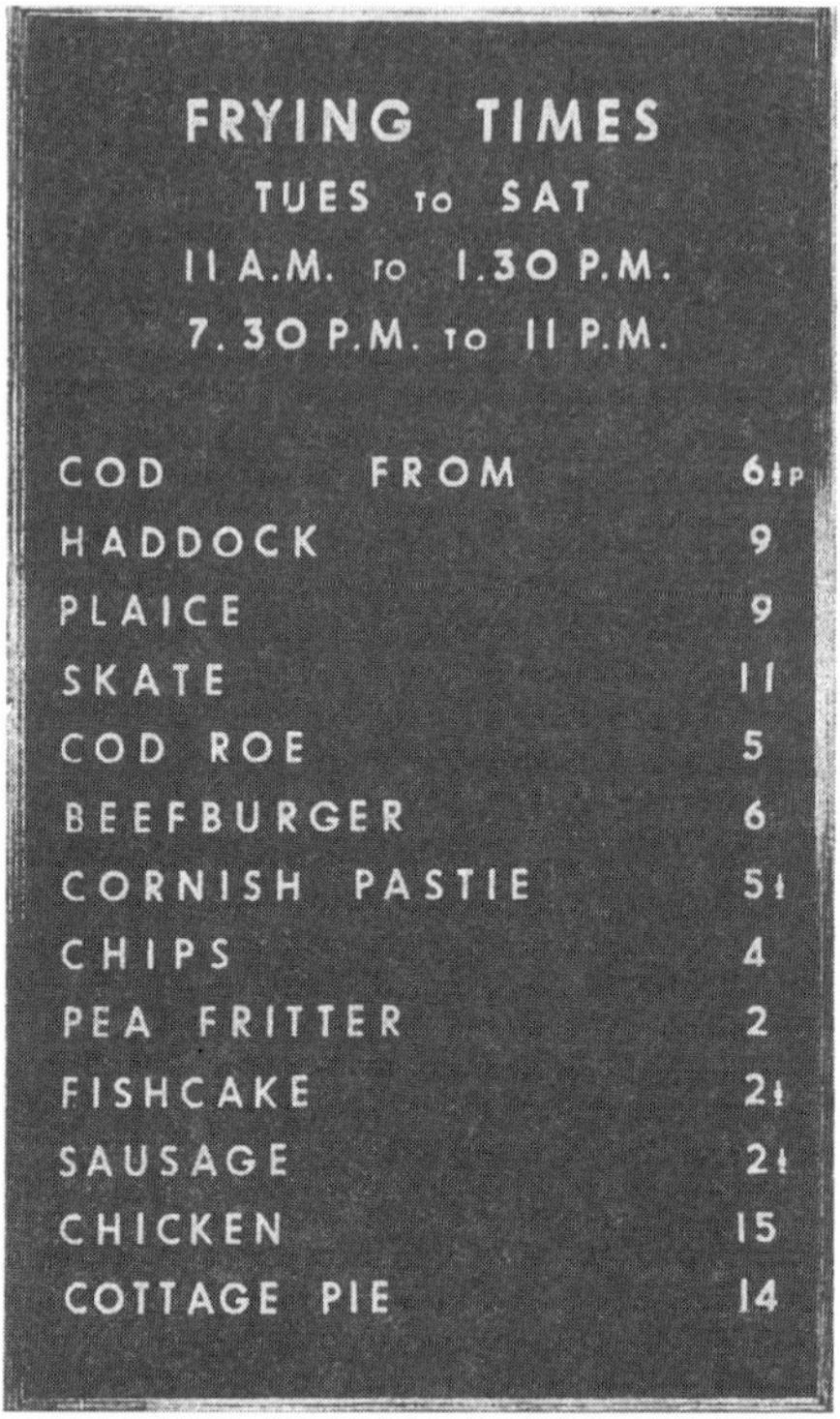

FRYING TIMES

TUES to SAT

11 A.M. to 1.30 P.M.

7.30 P.M. to 11 P.M.

COD	FROM	6½P
HADDOCK		9
PLAICE		9
SKATE		11
COD ROE		5
BEEFBURGER		6
CORNISH PASTIE		5½
CHIPS		4
PEA FRITTER		2
FISHCAKE		2½
SAUSAGE		2½
CHICKEN		15
COTTAGE PIE		14

フィッシュ・アンド・チップス店の値段表
(1960年代)

は、商品の品揃えだけでなく、魚の種類も多様になっているとの指摘がある。そこではタラ、コラダ《ハドック》、ツノガレイ《プレイス》はもちろん、アカザエビ《スキャンピ》、フィッシュ・フィンガー〔白身魚を細長く切って揚げたもの〕、ガンギエイ《スケイト》、メルルーサ《ヘイク》などが取り上げられている。*111 供給面での懸念はあったものの、タラは依然、フィッシュ・アンド・チップスの商売の大黒柱で、ゆえにますます多くの販売者たちが責任を持ってその魚を仕入れていた。他方で、アラスカで採れたスケトウダラ《ポロック》やヴェトナムで養殖されたナマズなど、多種多様な新しい魚がメニューに入るようにもなってきている。*112

最新技術と職人技

一九七〇年代以来、技術面での変化も起きてきた。一九八〇年代以降にオランダ式の揚げ物調理器の導入が進んだことはその一例である。それは他のファストフード店のオペレーションで使用されていたものに似た、魚を揚げる作業とチップスの調理を別々に行える機器だった。*113 フィッシュ・アンド・チップス業界が、持ち帰り料理の業界一般で用いられていた主要な調理機器や道具を採用することもあれば、それと同じように、他の分野で使用されていた容器、たとえばポリスチレン製の容器を取り入れることもあった。しかし二一世紀初頭になっても、一部の会社はフィッシュ・アンド・チップス専用の袋や箱を生産しつづけているのである。*114 最高品質の料理を販売する店は常に新鮮な材料を使ったが、次第に多くの店が副次的《サイドライン》な取扱商品に冷凍物を使うようになっただけでなく、冷凍のフィッシュ・アンド・チップスを使うようにもなっている。*115 一九八〇年代末には、ロンドン・シティ・アンド・ギルド協会が「フィッシュ・フライヤー技能」の資格認証を行うようになったことで、フィッシュ・フライヤーは専門職になった。そこでは人々にジャガイモの切り方や魚

リーズにあるNFFF本部でのトレーニング（2013年）

の揚げ方だけでなく、店の経営の仕方も教えている。[*116]

フィッシュ・アンド・チップスは、レストランで食べたり、持ち帰り専門店で購入したりする食べものとしてだけでなく、温めるだけで食べられる冷凍食品として買えるようにもなった。ある意味でこれは、元来その料理は調理時間を節約するための手立てだったという起源に忠実な展開であったが、専門の職人が揚げたばかりの熱々のものと比べれば、やはり味は劣った。[*117]出来たての商品の質に近づけたいと望む人々に向けたレシピが、本や新聞に——とりわけイギリス料理が特集される折に——掲載されることも珍しくなくなっている。[*118]しかし、プル・リース考案の「東洋風フィッシュ・アンド・チップス」の例に見られるような、創作に溢れたものがいろいろと現れてきている。[*119]

3　変化と生き残り

根強い人気の理由

以上のように、フィッシュ・アンド・チップスは二〇世紀の最後まで、そしてそれ以降も生き残った。フィッシュ・アンド・チップス店の店舗数についての生の統計数値でも、そしてイギリスでフィッシュ・アンド・チップスが食べられている頻度を追跡調査した他の統計数値でも、減少が見て取れる。しかし、二〇世紀のほぼ全体を通じて、すなわち一九六〇年代以前の最盛期から一九九〇年代まで、中国料理やインド料理の到来やアメリカのファストフードの侵略があったにもかかわらず、フィッシュ・アンド・チップスは最も人気の持ち帰り料理でありつづけたのである。この根強い人気の理由はいくつも挙げることができる。たとえば、イギリスにおける持ち帰り料理の元祖であるということで、どのような競争相手が現れても、人気を奪われにくかったということもあるだろう。同じく重要なのは、フィッシュ・アンド・チップスがそもそもの魅力のひとつを守り、相対的な安さを保ちつづけたことである。それはアメリカのビーフバーガーよりはわずかに高かったが、フライドチキンやピザ、インド料理、中国料理、ケバブといった同じように本物の素材を用いている他の持ち帰り料理に比べれば安かったのである。また質素で栄養価が高いというフィッシュ・アンド・チップスの性質も（二〇世紀初頭以来、一部の高慢な中産階級の論評者が力説してきたように、近年では健康上の懸念が持たれているが）、おそらくその生き残りを促してきた一因だった。[*120] 技術発展によってフライヤーたちはカットされた冷凍のチップスや出来合いのバッターミックス粉を買えるようになったが、それでもその料理は実質的に他のどの持ち帰り料理よりも健康的だった。とりわけ、魚やジャガイモ、その他の材料を吟味して仕入れ、チャットチップやリーヴスの助言を忠実に守っている店で買う場合にはそうだった。他方、フィッシュ・アンド・チップスが生き残っているのは、単なる保守傾向のせいであるという意見もあるかもしれない。しかし、第二次世界大戦の終結以降、世界各地に起源を持つ食べものを出すレストランや持ち帰り専門店が増殖し、イギリスで成功してきたことを踏まえれば、この言い分には無理があるように思われる。こうした変化の結果、フィッシュ・アンド・チップスはイギリス人にとって多くの選択肢のひとつ、特に持ち帰り料理のなかでの選択肢のひとつでしかないものになっていたのである。

その料理自体は、チャットチップやリーヴスが説明した元々の料理から大きく変わらなかったかもしれないが、改善は間違いなく行われてきた。こうした改善は、揚げる工程での新たな技術発展を含め、一世紀にわたって進化してきたレストランや販売店のあり方にみることができる。フィッシュ・アンド・チップスは、フライドポテトと魚の衣揚げ《バタードフィッシュ》という形式の点では基本的に大差なかったとしても、それはイギリス社会の変化を象徴してきたと言ってもよい。そのまわりでは、揚げ方や販売方法、調理の手段や方法といった点に変化が起こってきた。同時に、フィッシュ・アンド・チップス店は、新しい商品を取り入れることで生き残りを図ってきた。そうした商品のなかには、エンドウ豆のように、元来はその料理の付け合わせとしてであったり、チップスの代わりの役目を担っているものもあったが、パイやソーセージ、ピザ、ケバブ、そして中国料理まで含む新商品は、次第にフライドフィッシュあるいはその料理全体の代替品や代用品の役目を果たすようになっているのである。

小規模事業者の成功

象徴のレベルで見れば——そして純粋に料理の観点から見ても——フィッシュ・アンド・チップスには数多くの意味がある。またこの商売の性質は、イギリス社会について何がしかのことを物語ってもいる。当初からフィッシュ・アンド・チップス店は、小さな事業を興したいという進取の気性に富んだ者たちにとっての手段になってきた。この業界に参入した多くの者たちは、二〇世紀末のインド料理レストランのオーナーの多くと同じく、それを商機と捉えて店やレストランを開いた。おそらくかれらはそれを楽に金儲けができる手段だと想像していたのだと思われる（しかし、倒産も見られたように、現実がいつも夢見たようにいくとかぎらなかった）。そうだったとしても、これまでの物語が明らかにしているように、フィッシュ・アンド・チップスに関わる事業の歴史は、裸一貫で始めたわけでも、最後は金持ちになったというわけでもないが、活き活きと商売を営んできた人々についての数多くの例を提供している。二〇世紀末には、この業界のなかで屈指の成功を収めた店の多くは、フィッシュ・アンド・チッ

ロンドンのホーンジーにあるジョージズ・フィッシュ・バー。メニューの多様化を表す実例（2013年）

プスを通じて家族の歴史を思い描けるような人々によって営まれている。依然この業界にはニューカマーが参入してきているが、他の形態の持ち帰り専門店やアメリカ企業との競争の激化のために、新規参入者が成功するのは以前よりも難しくなっているかもしれない。二一世紀が始まる頃には、フィッシュ・アンド・チップスのチェーンが初めて目立った存在になった。特にハリー・ラムズデンズの存在は大きかった。しかしこうした事情にもかかわらず、家族経営のフィッシュ・アンド・チップス店は生き残り、イギリス社会にはまだ小規模事業者が生きていける余地が残されていることを示してきた。フィッシュ・アンド・チップスは次第に「イギリスらしさ《ブリティッシュネス》」を象徴するようになったが、それは小規模事業者の成功のしるしでもあったのである。

第3章　イギリスらしさ

一九世紀半ばに誕生して以来、フィッシュ・アンド・チップスはさまざまなアイデンティティを育んできた。フライドフィッシュが人々の意識に上るようになった頃、それはイギリスのユダヤ人コミュニティと結びつけられた。より具体的には、フライドフィッシュのにおいは、ヴィクトリア朝イギリスのユダヤ人の多くが暮らしていた都心周辺の低所得地域《インナー・シティ》、特にロンドンのイーストエンドにあったゲットーのにおいになった。だが一九世紀が進み、フライドフィッシュとチップスが組み合わされると、この料理は労働者階級と結びつけられるようになった。このことはディケンズ作品中の数行の文や、この主題についてメイヒューが書いたより長い文章、それからしばしばフィッシュ・アンド・チップスの健康上の脅威を取り上げた新聞記事にはっきり見て取れる。二〇世紀の後半には、この料理は「イギリスらしさ」と結びつけられるようになった。こうした動きは第二次世界大戦前から始まってはいたが、フィッシュ・アンド・チップスは「イギリス人の食べもの」であるとますますみなされるようになっていったのである。

以下では、この料理が「イギリスらしさ」とさまざまなかたちで関連づけられてきたことを詳しく見ていく。まず一九世紀にはそれが貧困と結びつけられたことを取り上げ、次に現代におけるナショナル・アイデンティティとのつながりについて論じる。後者はイギリス内外の著述家たちの考えに端を発していたが、そのつながりが作られていく過程では、フィッシュ・アンド・チップス業界が中心的な役割を果たした。また、フィッシュ・アンド・チップスが海外に渡ったときには、それはイギリス人の食を代表するものになった。これは時としてそのように売り出された結果でもあったが、フィッシュ・アンド・チップスは、休暇を海外で過ごすイギリス人たちを含めた在外イギリス人と結びついてきたからでもあった。

1　労働者階級の食べもの

ディケンズとメイヒュー再び

ジョン・ウォルトンは、フィッシュ・アンド・チップスと労働者階級との結びつきを強調し、ある時期それは「スラムとその住民、不快なにおい、怪しげな衛生状態、そして未熟な主婦たちの無分別な家計のやりくりによる『二次的な貧困』の助長……と同一視」されていたと述べている。こうした見方は「中産階級の観察者、ジャーナリスト、社会評論家のあいだで広く共有されていた」[*1]という。

そうした見方は二〇世紀まで生き残るのだが、その起源はこの料理に関する最初期の言及のなかにすでに見られた。フィッシュ・アンド・チップスは、メイヒューやディケンズが描いたようなみすぼらしい生活と切り離して考えることができなくなってしまっていたのだと言える。一九世紀の終わりから二〇世紀にかけて、このイメージを強化した中産階級の論評者たちは、そうした結びつきのことを大して意識していなかったのかもしれないが、こうした初期の言及は、フィッシュ・アンド・チップスを貧困や労働者階級とつなぎ合わせる要石の役割を果たしたのである。

再びディケンズに話題を戻せば、『オリバー・ツイスト』に出てくるフライドフィッシュの倉庫《ウェアハウス》が立っているのは、まさに「ディケンズ風の《ディケンジアン》」という形容詞を使うにふさわしいスラム地区である。それは「汚らしい店」が並ぶ「サフロン・ヒル」に通じる陰鬱な裏通り」に立っているのである。[*2]ディケンズが編集していた週刊誌『ハウスホールド・ワーズ』のなかの次の一節は、今引用した『オリバー・ツイスト』の一文を書き写したかのようである。

> 傷んだ野菜類で溢れかえり、ジン酒場で取り囲まれたみすぼらしいマーケットの近くにある、狭く、ぬかるみ、舗装が悪く、嫌なにおいが漂い、ひどい見た目の通り。建物の大半は民家（！）であるが、ちらほらと船具店や古着屋、雑貨やフライドフィッシュの倉庫《ウェアハウス》がある。間口が狭く扉のない戸口は、黒く腐った階段や汚れた裏庭へと続いている。その裏庭では、腐敗が天水桶に鎮座し、熱病が番犬よろしく屑籠に住んでいる。窓々は破れ落ち、それらの多くからは、宙を漂う澄んだ光と空気をわずかでも捉えようとする惨めな囚人たちの一種絶望的な決意がうかがえる。これがジベット・ストリートである。[*3]

一八世紀末のフランスを舞台にしているが、『二都物語』のパリ郊外サン・タントーヌの場面でのチップスの言及のされ方にも、同じく貧困との関連づけが見られる。「チップス」という言葉が初めて登場する一文は、次のようなものである。「飢えは、自身の骨で作った乾いたサイコロを、筒状の器具のなかで焼かれる栗と一緒に回していた。飢えは、申し訳程度の油で揚げられた、かすかすしたジャガイモのチップスが盛られた浅いボウル全部に、粉々に砕けて紛れ込んでいた」。そのすぐ後でディケンズはこう書いている。

不快と悪臭が充満した、狭く曲がりくねった通り。そこから、狭く曲がりくねったいくつもの裏通りが枝分かれしていく。そのすべてにボロ服とナイトキャップ姿の人々が溢れている。皆、ボロ服とナイトキャップからにおいを放ち、皆、陰気な表情を浮かべ、不健康そうに見える。[*4]

この描写は、ディケンズのどの小説に出てきても、どんなテーマを扱った小説に出てきてもおかしくないものである。私たちはフライドフィッシュとチップスに貧困との結びつきを読み込みすぎていると言えるかもしれない。しかしながら、この料理を扱った簡略的な歴史のほとんどが、たとえ貧困を強調してはいなかったとしても、『オリバー・ツイスト』からの抜粋で話を始めているのである。

同様のことは、フライドフィッシュとそれを売る「奥まった裏路地で生活し、屋根裏部屋に住んでいることも珍しくない」行商人たちについての、メイヒューの言及にもあてはまる。メイヒューはこうも述べている。「彼らの住まいは」、ロンドンの中心部や東部に点在する「袋小路と裏路地が迷宮のように入り組んだ場所にある」。彼は特にフライドフィッシュのにおいに注目したが、これは反ユダヤ主義者が強調していた点でもあった。メイヒューは次のように書いている。

最貧困の階級のあいだにさえ、彼らが同じ下宿の住人であることに対する大きな反対がある。魚を揚げるときに出るにおいが理由である。魚が新鮮で（ほとんどいつもそうなのだが）、澄んだ油を使っているときですら、においがひどかった。私が訪ねたある場所は、称賛に値するほど清潔だったが、それでもひどく臭かった。……フライドフィッシュ売りたちの衣服は、私が会った「生」魚や他の魚を売るどんな商人たちの衣服よりも強烈な魚臭さがこびりついていた。*5

このようなにおいとの関連づけは、フライドフィッシュが初めて登場した頃から見られ、二〇世紀に入っても続けられたのである。

新聞、雑誌、小説に描かれたフライドフィッシュ

ディケンズとメイヒューが際立って有名というだけで、他にも数々の著述家が貧民とフィッシュ・アンド・チップス――この段階では（二つの要素が結婚する前で）まだ原初的な形態であったが――とを結びつけていた。それに二人は――特にメイヒューについては間違いなく――ある程度客観的な立場を保ち、（過度に）見下したような描き方をしなかった。しかし一九世紀の大半の期間、新聞や雑誌の記事は同様のイメージを、大抵もっと辛辣でもっと否定的な言葉を用いて描いていた。

多岐にわたる話題が扱われるなか、フィッシュ・アンド・チップスと労働者階級、そしてにおいの問題が密接に結びつけられていた。

「ロンドンの安い店」を取り上げた一八七九年三月一五日付『チェンバーズ・ジャーナル』誌掲載の記事にはこうある。

フライドフィッシュ店――完璧なフライドフィッシュを味わいたければイーストエンドに行かねばならない――では、大体二ペンスでたっぷりな量を買うことができる。惨めな階級のなかには、皿もナイフも持っていない者たちが何千と、そのような店で出来合いのものが買えなくなると、調理したものを全く食べられなくなる者たちが何千といるのである。

一方、ジョージ・ギッシングの小説『暁の労働者たち』は、ホワイトクロス・ストリートの「夜のマーケット」の描写から始まる。そこでは貧困が人々の営みの主要な特徴となっている。語り手は、塩を売っている「不幸をそのまま絵にしたような四歳ぐらいの少女」を追いかけていく。

彼女を追いかけていくと、いささか驚いたことに、近くの食堂に駆け入っていく。私たちが先ほど観察した多くの店のひとつである。長いカウンターの向こうに、男と女が立っている。男の方は大きな火の上で忙しく魚を揚げており、女の方は湯気がもうもうと上っている鍋におたまを入れている。カウンターの前には、空腹そうな人々が列をなし、薄っぺらいフライドフィッシュと油っこいジャガイモが鍋から上げられるやいなや、がつがつとかぶりついている。*6

H・D・ロウリーも「ウォルワース・ロードの不思議」に迫る記事で、よく似た描写をしている。

土曜日の夜にウォルワース・ロードを訪れた者は、そこで過ごす最初の数分間に受ける印象ですっかり困惑してしまう。舗道を埋め尽くす人々。肉屋の特売品をほとんど喧嘩同然に取り合う人々。火のついた灯油ランプと、無数にあるフライドフィッシュ店が放つ悪臭。そうした店からは、新聞紙の切れ端に包まれた一ペニー分のフライドフィッシュを抱えた人々がひっきりなしに出てくる。[*7]

労働者階級の貧困と食習慣に対するこのような否定的な見方は、それから二〇年後のオリーヴ・マルヴェリーの記述と対照的である。彼女はフィッシュ・アンド・チップスを、貧民が収入の範囲でやりくりするための方法と捉えていた。[*8] 先の引用〔一章〕でも、彼女がそれを貧困と結びつけていたことがはっきり見て取れた。

以上のようにヴィクトリア朝後期の文章の多くには本質的に労働者階級への軽蔑が見られるが、なかにはそうした物言いをしなかった論評者もいた。ロンドンにおける「路上の料理」を取り上げた一八七二年の記事は、次のように淡々と事実をありのまま伝えることに徹している。「フライドフィッシュの需要は土曜の夜に最高潮となり、マーケットを行き来する労働者たちやかれらの妻たちが盛んに買い求めていく」。[*9]

二〇世紀に入ってもフィッシュ・アンド・チップスは依然、労働者階級や貧困と結びつけられた。

ロンドンの貧困（1899年、素描）

ジョージ・オーウェルもそれらを結びつけているが、客観的な書き方をしている場合もあれば、一方的な判断で書いている場合もある。『ウィガン波止場への道』のなかの一九三〇年代の経済不況とその余波について述べるくだりで、オーウェルは「三ペンスでは肉はたいして買えないが、フィッシュ・アンド・チップスならたくさん買える」と指摘している。その一方で、第二次大戦後に書かれたエッセイでは、フィッシュ・アンド・チップスを「労働者階級のなかの最も貧しい連中がいつも夕食にしているもの」と形容しているのである。[*10] 他方ロバート・ロバーツは、彼の故郷の町サルフォードに関する一九七一年の研究でこう書いている。「今世紀の初め頃はそうした店で買ったチップスを食べていたのは労働者階級の『下層の者たち』だけだった。立派な職人の家庭はチップスを、それどころか他の出来合いの食べものを家に持ち込まなかった。そんなことをすれば、その母親は侮蔑されていただろう[*11]」。

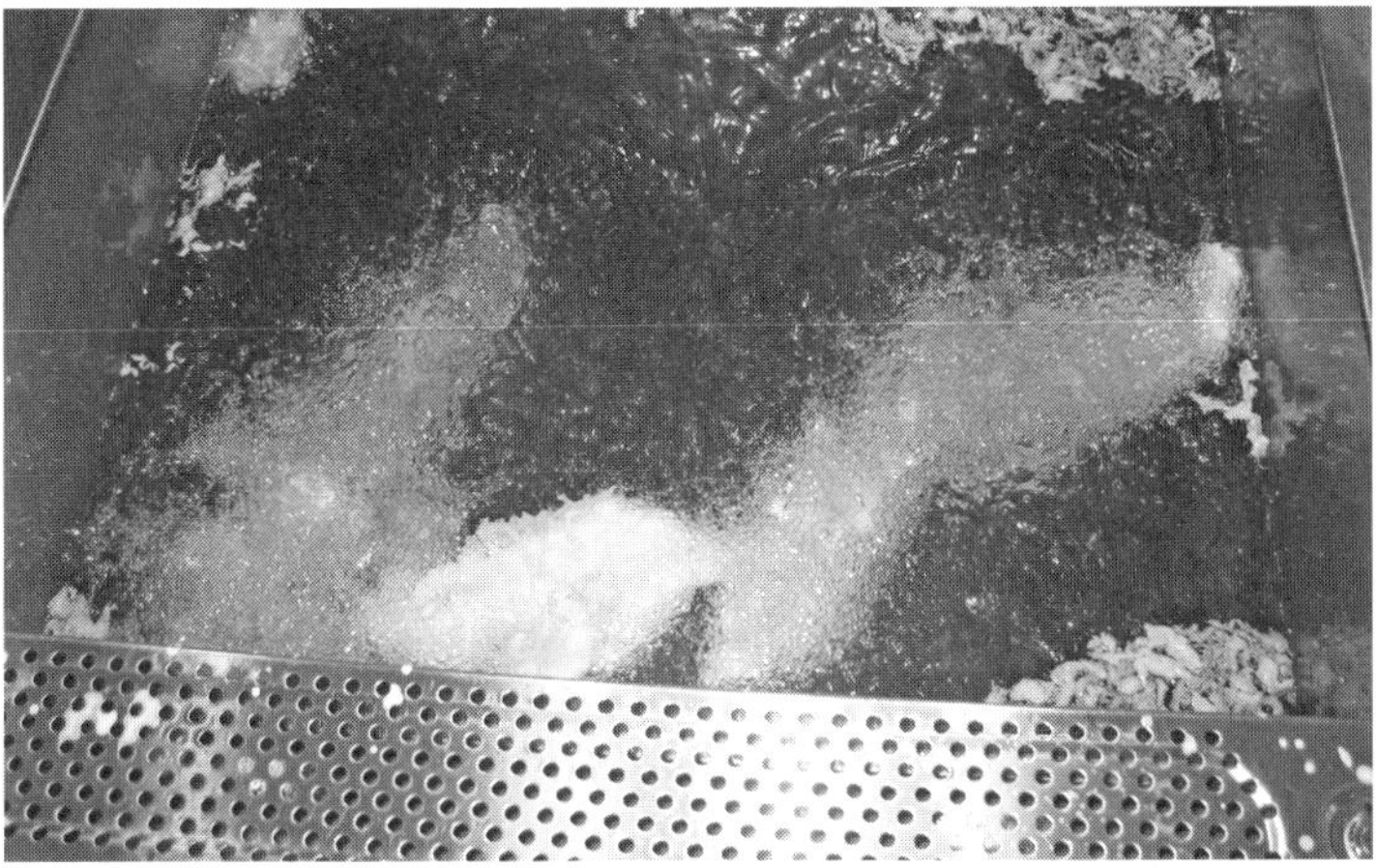

魚が揚げられている様子（2013年）

フライドフィッシュと悪臭

においと健康は、フィッシュ・アンド・チップスに関する否定的ステレオタイプの二大要素だった。一九世紀末には、自宅で魚を揚げることを禁じた規則に従わない者は起訴される恐れがあった。たとえば一八九七年、ミドルズブラ市衛生委員会のある医官はこう指摘している。

本官はミドルズブラのラッセル・ストリート六八番の建物を査察した。そこはフライド・フィッシュ店として使用されており、折しも魚を揚げている最中であった。ラッセル・ストリート六八番の両隣の住宅についても調査し、ラッセル・ストリートの店先で現在行われている魚を揚げる作業中に出るひどい臭気と悪臭のせいで生活妨害が発生していると即座に認定した。その建物は単に住宅用に建てられたものだったが、そうした店として使うための改装が適切に施されていなかった。両隣の家に住む人々は、耐えられないほどの苦痛と不都合を被っていた。[*12]

新たな法律が制定され、また臭気を排出する設備の品質が向上した結果、においは以前ほど問題にされなくなった。しかし一九二九年八月三日付の『マンチェスター・ガーディアン』紙の記事はこの問題に触れ、特に「熱波」の時期に「通りかかった人」は大変だと書いている。以下の引用はフィッシュ・アンド・チップスのにおいについての描写のなかでも特に印象深く、そして吐き気を催させるものであるが、話題になっているのは揚げる際に出るにおいではない。「ある都市のスラムにある、学業が普通以下の子どもたちの学校で」教鞭を取っていたサラ・フランシスは、著書『レディーバード・レーン』(一九六二年)で、同僚のランドン氏と家庭訪問したときのことを次のように回想している。

おそらく一二か一五の部屋がある大きな建物だった。各部屋に一世帯が暮らしていた。桶や哺乳瓶やパン、そして形容しがたい残飯がごちゃごちゃと散らかったテーブルの下に、小便と大便でいっぱいになったおまるがあり、赤ん坊や幼い子どもたちがそれらをおもちゃにしていた。無関心な母親たちは椅子の背にもたれかかるか、戸口に突っ立っていた。[*13]

彼女は続ける。

一台のテーブルと一対の椅子以外には家具が何もないという部屋もあった。それから不快な、しかしなんとなく馴染みがあるような気がするにおいが漂っており、そのせいで吐き気を催した。とうとう私はランドン先生に、建物のあちこちで出会うこの強烈なにおいについて尋ねた。「主には、フィッシュ・アンド・チップスと小便のにおいだね」と彼は答えてくれた。「女たちは洗濯に手をかけないから、子どもたちがパンツを濡らしても、干して乾かしておくだけなんだ。赤ん坊のおむつについても同じ。床の掃除についても、まあそうだね、どのぐらいきれいにされているのか、君の予想に僕も同意するね。フィッシュ・アンド・チップスはこのコミュニティでよく食べられているから、臭うわけさ」[*14]。

この引用はフィッシュ・アンド・チップスについて中産階級が持っていたイメージと、それが貧民と結びつけられていた様子を完璧に要約しており、そうした態度が一九六二年になっても根強く残っていたことを伝えている。

フィッシュ・アンド・チップスと健康

フランシスの文章は栄養不良との関連もほのめかしている。一九世紀にこうした関連づけがなされるときは大体、悪い料理の慣習は病を引き起こすという事実に焦点が置かれていた。ある原告は、彼の家の隣に出来たフライドフィッシュ店から漂ってくるにおいのせいで実際ひどい病気になり、引っ越しを余儀なくされたと主張している[*15]。より最近では、フィッシュ・アンド・チップスは肥満と関連づけられるようになっている。たとえば、二〇〇四年刊行の「データ分析企業のエクスペリオン」の報告書は、「肥満の南北分断」なるものの存在を指摘し、「重度の肥満は階級と強く関係している」と論じている。同報告書は、ハルのように公共住宅の割合が高い地域では「両親が子どもに健康的な食事について教えていない」と述べる。「かれらは旧弊な食事をしている。その地域における伝統的な食事といえばフィッシュ・アンド・チップスである。我々はキングストン・アポン・ハルの中心部に一〇軒のフィッシュ・アンド・チップス店を発見したが、一方キングストン・アポン・テムズには一軒もなかった」[*16]。フィッシュ・アンド・チップスは、他のファストフードと同様、ここ数十年のイギリスにおける健康的な食事に関する議論の重要な焦点となってきた。一人前のフィッシュ・アンド・チップスは、提供される量が過剰でないかぎり、競争相手となっている他の多くのファストフードよりも健康的であるにもかかわらず、問題視されているのである[*17]。

2　ナショナル・アイコンの構築

フィッシュ・アンド・チップスと「イギリスらしさ」

労働者階級の食べものというフィッシュ・アンド・チップスのイメージは現在も生き残っているが、二〇世紀が進むにつれ、それは次第に「イギリスらしさ」と結びつけられるようになった。この展開の背景にはさまざまな要因があった。まず、一九五〇年代から一九六〇年代にかけて、見るからに異国的な食べもの、特にイタリア料理、中国料理、インド料理のレストランで出されているような食べものが到来したことで、次第にイギリスの世論は「自分たち」の食べものを意識するようになった。そしてイギリス人は、食および食とナショナル・アイデンティティとの関係性についての一般向けの議論につきものの短絡的なステレオタイプに従って、国民食と思われるものを拠り所

フィッシュ・アンド・チップスの「イギリスらしさ」を強調するウィンドウポスター（2013年）

にするようになった。フィッシュ・アンド・チップスは二〇世紀までに、かつて「イギリスらしさ」の食の象徴だったローストビーフに取って代わるようになっていた。[*18] 二〇世紀末になると、エスニックな境界線に沿って書かれた料理本がどんどんと登場するようになった。イギリスの食に焦点を当てた本にはほとんど例外なく、フィッシュ・アンド・チップスのレシピが収録された。またグローバル化、とりわけスーパーの棚に分かりやすいかたちで現れるようなグローバル化も、食べもののエスニックな差異を強調した。[*19] 一方、フィッシュ・アンド・チップスと「イギリスらしさ」との関連づけは、イギリスの外にも広がっていった。外国人が次第にフィッシュ・アンド・チップスを典型的なイギリス料理とみなすようになっただけでなく、フィッシュ・アンド・チップスが海外に出現する際はいつも、それはイギリス人自体の象徴にもなった。これはイギリス人がイギリス国外でもそれを食べていたこと、あるいは企業がそうした売り出し方をしたことが原因だった。

フィッシュ・アンド・チップスと「イギリスらしさ」との結びつきが固まったのは一九五〇年代以降だったが、一九二〇年代から一九三〇年代にはすでにその端緒が見られた。その時代以前には、一般的に食べものに国籍が割り当てられるようなことはなかった。フィッシュ・アンド・チップスについてもそうだった。しかし、一九二〇年代の終わりから一九三〇年代の初めにかけて、いくつかの新聞記事がそれを「イギリスらしさ」と結びつけはじめた。たとえば、『ニューヨーク・タイムズ』紙は一九二八年、「『フィッシュ・アンド・チップス』はイングランドのホットドッグ」と書いている。[*20]その翌年、『ハル・デイリー・メール』紙に届いたある投書はこう力説している。「フライドフィッシュとチップスは国民的な慣習になっている。もしフライドフィッシュ店がなかったら、ハルに住む数千の人々は夕食をどうしたらよいのか？」。[*21]その二年後、水産業界がこの時流に乗り、英国トロール漁業者連盟理事のサー・ジョン・マースデンは「今日、国民食と呼ばれるにふさわしい唯一のもの、それがフィッシュ・アンド・チップスである」と宣言した。[*22]

イギリスの国民食

一九四五年以前には、この種の発言はまだ珍しいものだった。しかし一九五〇年代以降、料理本や、フィッシュ・アンド・チップス業界の出版物やマーケティング、そして新聞各紙が「イギリスらしさ」との結びつきを強調するようになった。この過程において大きな転換点だったのは、一九五三年にフィリップ・ハーベンの『イギリスの伝統料理』が出版されたことだった。ハーベンはイギリスのテレビ・セレブリティ・シェフの草分けのひとりで、それゆえ自身の考えを一般大衆に広めることができた。彼は、食べものと国籍をあからさまに、そして短絡的なかたちで結びつけることをはじめた先達のひとりでもあった。彼の著書の章題には、「コーニッシュ・パスティ」、「ベイクウェル・プディング」、「ヨークシャー・プディング」、「ショートブレッド」、「ランカシャー・ホットポット」、「ステーキ・アンド・キドニー・プディング」、「ジェリード・イールズ」、「ハギス」、「クロテッド・クリーム」、「フィッシュ・アンド・チップス」と、イギリス料理の定番が型どおりに並んでいる。「本書はイギリスの素晴らしい食べものと、それと結びついているいくつかの歴史的、地理的、伝統的な事柄を扱っている」とハーベンは語る。[*23] 中心となる章は、フィッシュ・アンド・チップスについての章である。ハーベンはこう始める。

　イギリスの国民食は何か？　もちろん本書にはたくさんの国民食が登場し、すべて人々が好物にしているものである。だが、これこそまさしく国民的な食べものと言えるものは何になるか？　数百万の人々で溢れかえるアジアは主に米を食べて生きている。さまざまな形状のマカロニがイタリアの常食である。ドイツとソーセージはほとんど同義である。スコットランドについて考えれば、オートミールの粥《ポリッジ》が思い浮かぶ。では、これぞイギリスの国民食と言えるものは何になるだろうか？「古きイングランドのローストビーフ〔ヘンリー・フィールディングの風刺劇『グラブ街オペラ』（初演一七三一年）に登場する歌曲〕」か？　否。フライドフィッシュ・アンド・チップス、それが答えである。[*24]

ここでのハーベンの議論にはかなりの単純化と一般化が見られる。しかしある面では、それは一つの重要な真実を軸に展開されていた。すなわち、フィッシュ・アンド・チップスはイングランドの労働者階級の常食として欠かせない食べものとなり、彼が言うところの、アジアにおける米と同じ役割を担っていたという真実である。ハーベンは「この料理、そしてこの慣習は、我々国民の栄養と経済にとって本当に重要な役割を果たしてきたのである」と主張したが、これはその世紀のもっと後にジョン・ウォルトンが、そして一九二〇年代にチャットチップが主張したことと同じであった。*25

イギリス料理本にみるフィッシュ・アンド・チップス

二〇世紀が進むと、さまざまな料理本や他の出版物が、ハーベンの名前を特に挙げることなく、彼の見解に依拠するようになった。タイム・ライフ・インターナショナルが一九七〇年に出した『イギリス料理』についての本は、皮肉をまじえつつも、ハーベンの言をほとんどそのまま繰り返している。「アメリカ人はハンバーガーとアップルパイを食べる。ドイツ人はザワークラウトとソーセージを食べる。フランス人は……どんなものでもソースをかけて食べる。……このような一般化にも、もちろん、一抹どころではない真理が含まれる」。イングランド人は日曜日には「決まってローストビーフを食べるが、「平日は一日おきにフィッシュ・アンド・チップスを食べている」*26。

この料理に関してジョン・ウォルトンが緻密な調査に基づいて書いた著作でも、「イギリスらしさ」、とりわけ労働者階級とのつながりが強調されている。ウォルトンはナショナル・アイデンティティにはっきりと焦点を当てていたわけではないが、彼がイギリス人の食について書いていることとは明らかである。この本の評者の多くは冷笑的な論評をしたが、この「イギリスらしさ」とのつながりという主題、特にフィッシュ・アンド・チップスは第一次世界大戦においてイギリスを敗北の淵から救ったというウォルトンの主張には関心を寄せた。[*27] 一方、自身もフライヤーであるマーク・ペトルーがより一般向けの本を出版した際、彼はそれに「国の宝《ア・ナショナル・トレジャー》」という副題を付けたのだった。[*28]

一九六〇年代には「異国的」な持ち帰り料理の到来を受けて、料理本はますますエスニックな境界線に沿って書かれるようになった。すなわち、イタリア料理や中国料理、インド料理を扱う本が登場し、それらに合わせてイギリス料理に関する本も登場したのである。そうした本は大抵フィッシュ・アンド・チップスのレシピを収録していた。たとえば、ガリー・ローズの本や、ジェームズ・マーティンの本がそうだった。[*29] 二〇〇六年に出た共著本『グレート・ブリティッシュ・メニュー』は、料理の発祥地と料理人の出身地に沿って情報がまとめられているのだが、意外なことに、「伝統的なフィッシュ・アンド・チップス」はウェールズの項目に掲載されている。とはいえ、それは同書で用いられている地域区分のいずれにでも振り分けることができたのかもしれない。[*30] ヘストン・ブルメンタールは著書『完全無欠を求めて』で世界各地の料理に挑戦しているが、そこでフィッシュ・アンド・チップスを「実質的にイギリスの国民食」と形容している。そのレシピには、ブルメンタールの本に収録されている他のレシピの場合と同様、一風変わった種類の素材と調理器具が使われている。素材には米粉、ハチミツ、ウォッカ、ラガービール、そしてイシビラメ《ターボット》が含まれ、調理器具には「炭酸水メーカー、料理用デジタル温度計、電気フライヤー、噴霧器（もしあれば）」が含まれている。[*31]

『ニューヨーク・タイムズ』紙が広めるステレオタイプ

数々の料理本が、フィッシュ・アンド・チップスはイギリスの国民食であるとの考えを定着させていた時期、内外の新聞・雑誌も同じことを行っていた。『ニューヨーク・タイムズ』紙は数十年にもわたり、イギリス人とかれらの食べものに関する古典的なステレオタイプを繰り返してきた。そのなかでもフィッシュ・アンド・チップスは中心的な役割を果たしてきた。同紙はかねてから、その料理のことをアメリカのホットドッグやハンバーガーに相当するものと描いていたが、一九五〇年代末から一九六〇年代初頭にかけて、こうした描写を繰り返した。ここには、食べものをナショナル・アイデンティティの象徴として扱うという同紙の姿勢が示されていた。ウィンピー・バーのイギリス進出を扱った記事には、「アメリカのハンバーガーが遂にフィッシュ・アンド・チップスの国に到着」という題が付けられた。[*32] 別の記事はこう述べている。

フィッシュ・アンド・チップスの屋台は、アメリカでホットドッグ・スタンドがそうであるように、イギリスの風景の一部になっている。不可欠となる材料は、タラとフライドポテト、そしてこの二つが一緒になったごちそうを屋台や店舗から持ち帰るための包み紙である。[*33]

ほぼ同時期の「ジャガイモ不足でフィッシュ・アンド・チップスが危機」という見出しの記事は、次のようなステレオタイプを発信している。

イギリス人たちは幾世代にもわたり、昼食時や仕事帰りに地元のフィッシュ・アンド・チップス店に寄り、新聞紙で包まれた常食を手に店から出る、ということをしてきた。店内で皿に乗ったものを食べることもできたが、ほとんどの人は新聞紙で包んで食べた方が美味いと言ってそうしないのである。[*34]

こうしたステレオタイプは二〇世紀の終わりになっても生き残った。実際、ある記事には（映画『メアリー・ポピンズ』のディック・ヴァン・ダイクを彷彿とさせるコックニー訛りを真似て）、「油っぽくて塩っからい、たしかにな、相棒、けどこれこそほんとのイングランドらしさだ」という見出しが付けられている。軽蔑的な態度が多少は抑えられている記事にはこうある。「フィッシュ・アンド・チップスは今もイングランド独特の温かいファストフード、典型的な名物である」。[*35]また別の記事には、社会階層の反対側から出てきたハリウッド流のステレオタイプを踏まえて、「唇を固く結ばねばフィッシュ・アンド・チップスは愛せない」という見出しが付けられている（「唇を固く結ぶ（stiff upper lip）」は逆境に際しても動じず、感情を表に出さない（特に上級階級に属する）イギリス人の気質（理想）を指す慣用表現）。この記事は、次のような、これまた何度も繰り返されてきた主張から始まっている。「イギリス人にとってのフィッシュ・アンド・チップスは、アメリカ人にとってのハンバーガーとポテトフライのようなものである。それゆえイギリスを訪れた際に、現地に溶け込んでみたいと思うアメリカ人は皆、少なくとも一回はフィッシュ・アンド・チップスを試しにいく」。記事の残りの部分は、それほどステレオタイプ的な言葉遣いを用いることなく、ロンドンで一番のフィッシュ・アンド・チップス店や、その料理の食べ方、それから最良の付け合わせのことを説明している。しかし、記事を書いたマリオン・ブロスは、タクシーの運転手の案内で現地の人が食べているものを試して回ったことを、勇敢な冒険家になったかのような気分で語り、最後にこう結論づけているのである。「フィッシュ・アンド・チップスは、イングランドの伝統に則って完璧に調理されている場合でさえ、離乳食と同じぐらい味気ないものである」。[*36]
『ニューヨーク・タイムズ』紙の記事がすべて非常に軽蔑的であったわけではない。「イギリス料理の擁護――されど、その一部についての」と題された記事は第一段落で、トード・イン・ザ・ホール〔直訳すれば「穴の中のヒキガエル」。ヨークシャー・プディングの生地とソーセージを型に流し込んでオーブンで焼き上げた料理〕、バブル・アンド・スクィーク〔ロースト料理の残り物の野菜（ジャガイモ、キャベツなど）をフライパンで炒めた料理。調理工程で聞こえる音「グッグッ（bubble）」「キュッキュ（squeak）」が名前の由来〕、バンガーズ〔直訳すれば「爆竹」。挽肉とスパイス、パン粉などのつなぎを合わせて腸詰めにしたイギリス式ソーセージの別称。加熱すると皮が破けて弾けることが名前の由来〕といった名前の料理をからかったのち、次のように述べている。「笑い話はさておき、イギリスはこれまでに考え出された料理のなかでも最大級に興味深い料理のうちの少なくとも三つ――ローストビーフのヨークシャー・プディング添え、ステーキ・アンド・キドニーパイ〔牛や豚の腎臓を柔らかく煮込んだものをパイ生地で包んで焼いた料理〕、そしてフィッシュ・アンド・チップス――の生まれ故郷なのである」。[*37]
二〇〇三年のイギリス訪問の際、ジョージ・W・ブッシュ大統領は『ニューヨーク・タイムズ』紙の教えに従い、トニー・ブレアに伴われて、ダラムのセッジフィールドのブレアの選挙区内にあるダン・カウ・パブを訪れた。そこで「禁酒家のブッシュ氏は、北部の特色であるマッシーピーがついたフィッシュ・アンド・チップスのお供に、ノンアルコールのラガービールを選んだ」。[*38] このようにイギリス首相とアメリカ大統領は両者ともに、対等とは言えないパートナー関係におけるそ

ダラムのセッジフィールドにあるダン・カウ・パブでフィッシュ・アンド・チップスを待つトニー・ブレアとジョージ・W・ブッシュ（2003年）

れぞれの役割を喜んで演じていた。そこでは前者が後者に、アメリカ人が抱くステレオタイプどおりのイギリス料理を提供していたわけである。

イギリスそのものの象徴に

イギリスの新聞もフィッシュ・アンド・チップスのことを、特にその歴史について詳しく扱った記事のなかで、国民食として取り上げてきた。二〇一〇年、『デイリー・ミラー』紙と『デイリー・エクスプレス』紙はともに、この料理の一五〇周年を祝福した。前者は記事をこう書き出している。「かつて産業革命の燃料源となり、二つの世界大戦での士気の要だったイギリス人の大好物は、今年一五〇歳になる」。他方、『デイリー・エクスプレス』紙の記事はこう始まる。

フィッシュ・アンド・チップスは、どのパイよりも、どのパスティよりも、どの海軍兵士よりも、この国の人々から愛されている。それはマーカム・アンド・ワイズ〔エリック・マーカムとアーニー・ワイズの人気コメディ・コンビ〕や君主制と同じように、国民生活という織物の重要な一部なのである。私たちがヴィネガーを振りかけるその持ち帰り料理は、ビールや紅茶や『コロネーション・ストリート』〔一九六〇年から続く昼の連続テレビドラマ〕とともに、そこに織り込まれているのである。

これらの記事が帯びている祝賀的な雰囲気は、『ニューヨーク・タイムズ』紙の多くの記事のなかに読み取れる軽蔑的な態度とはずいぶん異なっている。

この『デイリー・エクスプレス』紙の記事の主張は、実のところ、文化・メディア・スポーツ省が行ったある事業の結果を踏まえたものだった。それは「イギリスの象徴《アイコンズ・オブ・ブリテン》」を市民の推薦で選ぶという事業で、その結果、フィッシュ・アンド・チップスは一位に輝いたのである。[*39] これ以前にも、二〇〇四年にタンカレー・ジンの後援で同様の調査が行われたことがあり、この時も似たような結果が出ていた。「イギリスを象徴する最も典型的なものは何だと思うか」というアンケートの結果、ローストビーフのヨークシャー・プディング添えと並んで、フィッシュ・アンド・チップスが同点一位になったのである。『タイムズ』紙掲載の記事で、この調査のことを報じたロビン・ヤングは、次のような鋭い見方をしている。「かつてイギリス人は、唇を固く結ぶ、喜んで行列に並ぶ、外国語が苦手といった典型的な特徴によって、アイデンティティが特定されていた。しかし今や、我々は我々が食べているものによって決まる、ということのようである」[*40]。その四年後にインターコンチネンタル・ホテル・グループが行った別の調査でも同様の結果が出たが、この時はフィッシュ・アンド・チップスが単独一位になった[*41]。ヤングの主張は、特に二〇世紀のあいだに、食べものがナショナル・アイデンティティとますます結びつけられるようになっていることについて重要な点を突いていた。

NFFFのキャンペーン・ポスターに描かれたフィッシュ・アンド・チップスを差し出すイギリス人女性（1976年）

業界のキャンペーン活動

メディアや一般言説がフィッシュ・アンド・チップスの「イギリスらしさ」を繰り返し強調していた頃、フィッシュ・アンド・チップス業界自体も同じことを繰り返していた。そうすることが、その食べものをカレーや中国料理、ピザやビーフバーガーといった競争相手と差異化するマーケティング手段になると考えられていたからでもあった。しかしＮＦＦＦは、他の持ち帰り料理が存在感を示しはじめる前の一九五二年という早い時期から、この料理は「イ

現在における食のナショナリズム（2013年）

ギリスが最も愛する食べもの」であると謳ったポスターや窓に飾るカードを発行していた。[42] 同様に、一九六〇年代後半からのキャンペーンでは、「フライドフィッシュの真実」という見出しのシリーズ広告を展開し、主に健康上の観点から一六点にわたってその食べものの長所を列挙した。そのシリーズ第一弾の広告にはこう書かれていた。「一回の食事としてのフィッシュ・アンド・チップスはイギリスで最も手軽な食べものであり、一〇〇年にわたって最も好まれる食べものでありつづけている」[43]。一九七〇年代には「偉大なるイギリス料理（The Great British Dish）」というスローガンを用いた新たなキャンペーンが打たれ、ユニオンジャックを背にフィッシュ・アンド・チップスが乗った皿を持つ、大きな胸の女性を描いたポスターが登場した（二二一ページ）。実のところ、このキャンペーンは「多岐にわたる魚とその他の冷凍食品を全国のフィッシュ・フライヤー、魚屋、飲食業者に提供している」キルティという会社が後援していた。[44] 二一世紀初頭の別のキャンペーンもイギリス国旗を使用し、栄養面の利点を強調しながら、こう宣言した。

「フィッシュ・アンド・チップス――イギリスが生んだ最最最高傑作(The Grrrreatest of all British Inventions)」。[*45]

フィッシュ・アンド・チップス業界は自分たちのプロパガンダやマーケティングの内容に確信を持っていた。『フィッシュ・フライヤーズ・レヴュー』誌は一九五三年七月という早い時期に、すでに次のように主張している。「フィッシュ・アンド・チップスがイギリス的な食べものであるというのは、単にそれがこの国で非常に人気があるからだけでなく、イギリス産の材料で作られているからでもある」。その三年後、『フィッシュ・トレーズ・ガゼット』誌はこう述べている。「フィッシュ・アンド・チップスが国民食だった時代は終わってしまった、と憂鬱に繰り返す悲観論者たちをよそに、我々の業界は一九五五年も時代とともに前進し、これまで以上にしっかりと人々に愛される食べものを支えた」。[*46]一九八〇年には『フライドフィッシュ・ケイタラー』誌が、フィッシュ・アンド・チップスは「イギリスの生活様式の一部である」と宣言している。[*47]

文化的意義の強調

また業界各誌は、フィッシュ・アンド・チップスの文化的意義の強調に努めた。このために有効な手段のひとつは、歴史に訴えることだった。それゆえ、これらの出版物は考えられるかぎりのあらゆる周年記念の機会を利用して、その「イギリスらしさ」を力説した。『フィッシュ・フライヤーズ・レヴュー』誌の一九六五年六月号掲載の記事「フィッシュ・アンド・チップス一〇〇周年」には、「卑しい生まれから国の重要文化財に」という副題が付けられ、本文ではその食べものについての簡略的な歴史が語られている。『フィッシュ・フライヤーズ・レヴュー』誌に掲載されたジョン・ウォルトンの著作の書評には、「金持ちでも貧乏人でも食べる愛国料理」という題が付いていた。[*48] 同誌は一九六〇年代には、イギリス生活におけるフィッシュ・アンド・チップスの役割を強調するため、それを食べていたセレブリティたちにインタビューを行っている。たとえばビートルズも取材を受けており、「僕たちの成功もこの手軽な食べものがあってこそ」と発言している。「同グループのリーダー」ジョン・レノンは、「僕らはしょっちゅうフィッシュ・アンド・チップスの店に通っていた」と語っている。[*49] 一九九〇年代末には、同業界は「独自の公式詩人」まで抱えるようになり、「ポエトリー・ソサエティからチッピー桂冠詩人第一号と称された」四九歳のピーター・ストリートは、「詩という媒体」に「フィッシュ・アンド・チップスの歴史と意義」を「映し出す」という目的のために、「アート・カウンシル・ロッテリー・ファンドから一五〇〇ポンドの補助金」を受けた。彼の作品に「仲間」がある。

昨夕の新聞紙《がみ》
チップスを味見――しっとりしている
六ペンスで一包

芸術技で包んでくれているので
エンドウ豆の汁はしっかり受け止められ
お古だけどお気に入りの服に垂れたりしない

最終バスが無くなり歩いて家に帰る
何だって打ち明けられる仲間と
親友たちと一緒に
待ち合わせ場所は
フィッシュ・アンド・チップスのにおいがする[*50]

この詩は基本的に、もう失われてしまったイングランド北部の労働者階級の世界で過ごした幼年時代をロマン化している。この詩に従えば、その世界ではフィッシュ・アンド・チップスのにおいは肯定的な含意を持つ。一世紀前にその料理が浴びせられた軽蔑の言葉を、この詩は肯定的な意味で使っているのである。ここには、かつては労働者階級の食べものだとして隅に追いやられていたものが、今ではイギリス生活の中心を占めるものになっているというフィッシュ・アンド・チップスの躍進ぶりが見て取れる。二〇〇八年、NFFが「女王の誕生日パーティーに向け、グアテマラのイギリス大使館の敷地内にフィッシュ・アンド・チップス店を作るために必要となるあらゆる機材の提供を依頼された」という事実は、フィッシュ・アンド・チップスが主流社会に取り込まれたということを示すさらなる証拠となった。その翌年には、ローマのイギリス大使館が「ヴィラ・ヴォルコンスキー（大使の邸宅）の敷地内にあった催事用のテーブルを作り変えて、小さなフィッシュ・アンド・チップス店にしたいと所望した」のだった[*51]。

3　海を渡るフィッシュ・アンド・チップス

イギリス国外への伝播

この料理は「産業革命と帝国の時代に偉大《グレート》なるイギリスから輸出される文化のひとつになれなかった」と、それを嘆くかのようにジョン・ウォルトンは書いている。[*52] 二〇世紀の後半にはフィッシュ・アンド・チップスは「イギリスらしさ」の象徴になったが、このアイデンティティは単にイギリス国内でのみ確立されたのではなかった。ウォルトンの言に反して、フィッシュ・アンド・チップスはかつてイギリスの植民地だった国々や、あるいは地中海周辺地域のようなイギリス人が休暇を過ごしに行く地域など、グレートブリテン島の外でも一定の成功を収めてきた。そしてそうした地域では、フィッシュ・アンド・チップスを食べることと「イギリスらしさ」とが、ほとんど同義になったのである。

アイルランド・旧イギリス植民地

アイルランド人はイギリス人と同じように、この料理を自分たちのものとみなしているようである。二〇一一年一一月三日付『アイリッシュ・タイムズ』紙に載っている「いかにしてフィッシュ・アンド・チップスは我が国を豊かにしたか」と題された記事は、「フライドフィッシュの夕食ほどアイルランドらしいものはない」と始まるが、ダブリンにこの料理を最初に定着させたのはイタリア移民だったと指摘している。これはウォルトンも言及している事実である。

カナダのエドモントンにあるフィッシュ・アンド・チップス店（2012年）

アイルランドにおけるフィッシュ・アンド・チップスは、本質的には、英語圏の一部として歩んできたこの国の歴史の一端であると見ることができる。[53] これは、この料理が白人定住植民地《ホワイト・コロニーズ》で存在感を発揮していることの説明にもなっている。一九三〇年代の終わりには、その料理の影響はカナダにも一定程度及んでいた。「モントリオールやトロント、ウィニペグ、ヴァンクーヴァーといったあらゆる大都市には、フライドフィッシュの店が数十軒あり、特に郊外の工業地に多く見られる」ようになっていた。[54] こうした店は戦後まで生き残り、そして現在も生き残っている。[55] フィッシュ・アンド・チップスはオーストラリアにも、イングランド移民の努力の結果として一九世紀末には伝わっていたようである。それは二〇世紀が進むにつれ、徐々に広まっていた。プリーストランドは一九六〇年代にオ

ニュージーランドのフィッシュ・アンド・チップス店の立看板（2012年）

ーストラリアのいくつかの店舗でフィッシュ・アンド・チップスを食べているが、ほとんどの店で出されたものについて、よくてまあまあといった程度の評価しかしていない。一九八〇年にはデイヴィッド・サッチャーがオーストラリアの店をいくつか訪れているが、そうした店ではツノガレイ《プレイス》、ミナミダラ《ホワイティング》、フラウンダー、フエダイ《レッド・スナッパー》といった多種多様な魚が使われていたそうである。さらにオーストラリアは、海外に移住してフィッシュ・アンド・チップス店を開きたいと望むイギリス人たちに機会を提供してきた。たとえば、二〇〇六年に同地に移ってきたルイス・ワーナーとエイドリアン・ワーナー夫妻がそうである。二〇〇九年にかれらは、イングランドについての非常にあからさまなステレオタイプを多用し、ブリスベンにチャムリー・ワーナーズ・トラディショナル・フィッシュ・アンド・チップスという名前の店を開いた。同店はイギリス人とオーストラリア人の両方の客を引きつけてきた。そこで食事をした人々はイギリスを感じることができたと強調する。あるオーストラリア人カップルは「イギリスっぽいことをするのが好きな私たちにとって、毎週そこに行くのが一番の楽しみ」と語り、あるイギリス人の食事客はこう書いている。「付け合わせも全部含め、まさしく伝統的なフィッシュ・アンド・チップスだ。もっと家の近所にあってくれたらいいのだが。ステーキ・アンド・キドニー・プディングを、塩と酢でべしゃべしゃにしたチップスと一緒に食べることができるのは、オーストラリアではきっとここだけだろう」[*56]。フィッシュ・アンド・チップスは南アフリカとニュージーランドにも伝えられた。一九六〇年代にジェラルド・プリーストランドに情報を提供した人たちによれば、ニュージーランドでは「それは故国のものと全く同じだった」という[*57]。南アフリカでフィッシュ・アンド・チップスの商売が始まったのは、カーディフ出身の一人の移民の努力の賜物だったようである。彼は一九二六年にポート・エリザベスに店を開くとすぐにこれを六店舗にまで増やした。これを見て他の者たち――そこには少なくとも一人オランダ人が含まれていた――も彼の後に続いていったのである。一九四〇年代には少なくとも一冊の南アフリカの料理本が、さまざまな種類の衣を使った魚の揚げ方を紹介するレシピを収録するようになっていた[*58]。

ヨーロッパ

フィッシュ・アンド・チップスは、一九二〇年代には大陸ヨーロッパに伝わっていた。それ以来イギリス人だけでなくヨーロッパ人も、良い意味でも悪い意味でも、その料理がイギリスらしいものであると強調してきた。一九二三年秋に「ブローニュで開かれたグレート・フィッシュ・ウィーク」には、この料理を広めようと屋台が数軒出されたが、ほとんど成果はなかった[*59]。しかし一九二〇年代後半のドイツでは、ちょっとしたフライドフィッシュ・ブームが起きたようで、三〇〇軒もの店が次々に誕生していた。たとえば、ベルリンには少なくとも二四軒、ハンブルグに一三軒、ブレーメンに八軒の店があったらしい。ブレーマーハーフェンに拠点を置いたドイツ・フィッシュ・フライヤー協会は一九六〇年代まで存続した。一九三〇年代には店舗数が減少したとはいえ、一九五〇年代初頭のドイツにはまだ八〇軒から一〇〇軒のフライドフィッシュ店が存在していた。[*60] 二一世紀になってから、ノルトゼー社のフィッシュ・レストラン・チェーンがしばしばフィッシュ・アンド・チップスを目玉にした販売促進活動を行っているが、そこではいつも「イギリスらしさ」が強調されてきた。クラシックスなどの他のもっと小規模の会社もこの先例に倣っていた。イギリスでの慣習と違い、ドイツではフライドフィッシュもチップスもあらかじめ作っておいたものを、再び油で揚げて、温め直して提供されていた。二〇一二年にノルトゼー社は「フィッシュ・アンド・チップス、クライン・ウンド・グロース」〔ドイツ語で「クライン」は小さい、「グロース」は大きいの意〕というメニューを売り出し、英語で「リアル・ラブ」や「ベリー・ブリティッシュ」と宣伝した。しかしその料理というのは、チキンナゲットのような形をした小さなピースのアラスカ産のタラにタルタルソースがかかったものと、外側に新聞紙の模様が印刷されたコーン紙に入った太いチップスが一緒になったものだった。[*61] この頃には、わずかながらフランスにも店が出来ていた。一九九〇年代初めにブルターニュ地方のパラメでビル・ヒューズとジョイス・ヒューズ夫妻が経営していた店はそのうちの一軒であった。その店の客には地元の常連をはじめ、同地のイギリス人コミュニティのメンバー、カナダやスカンジナヴィア、ベルギーからの旅行客が多かった。[*62] パリのいくつかの店でもフィッシュ・アンド・チップスが提供されていたが、常にその「イギリスらしさ」が強調さ

ベルリンのアレクサンダー広場にあるフィッシュ・アンド・チップス店（2013年）

れていた。イギリスの食べものを出していることを大々的に売りにしているレストランもあったが、そのうちの数店は、イギリス人は料理が下手という連想のせいでフランスの新聞で叩かれるはめになった。[*63] さらに遠方の「トルコで成功を収めたレストラン・チェーンの経営者」アハメット・スレイマンギルは、「イスタンブールで最初のイギリス式のフィッシュ・アンド・チップス・レストランを開業した」。キング・フィッシャーという店名で、同店は素材と調理機器の多くをイギリスから輸入していたそうである。[*64]

アメリカ

アメリカではフィッシュ・アンド・チップスは、イギリスについてのステレオタイプと戦わなければならなかったが、それを積極的にマーケティングの手段として利用した店もあった。たとえば、ニューヨークの「チップ・ショップはまるでテーマパークのようで、ミニ・クーパーを配達車にしていた」[*65]。一九六〇年、同じくニューヨークの「イングリッシュ・フィッシュ・アンド・チップス」は正面玄関の近くにチラシを置いていた。それにはこう書かれていた。

イングランドを訪れた際には
このように振る舞いましょう

その続きには一〇の指南が列挙されていた。たとえば、店主に「やあ、一・六と一タナー頼むよ」と注文する（これは一シリング六ペンスのフライドフィッシュと、六ペンスのチップスという意味である「タナー」は六ペンス銀貨を指す俗語）、「一番にぎやかな通りを歩き、三歩ごとに油ぎった新聞紙に手をつっこむ」、「べたべた光る右手が袋から何も摑みださなくなったら、新聞紙を丸めて足元に落とし、それを蹴りながら八〇〇メートルほど歩く」[*66]。ステレオタイプを自ら繰り返していたところもあったが、フィッシュ・アンド・チップスはアメリカにおいて、イギリス以外の他の地域に比べて大きな成功を収めてきたように思われる。早くも一八九九年には、ニューヨークのアッパー・ウェスト・サイドにフライドフィッシュ店が数軒出来ていた。同じ時期のイギリスと同じように、こうした店は「料理をしたくない女性や、何かの理由で特定の時間に料理をすることができない女性にとって有り難い存在」だった。毎晩、「貧しい女性たち」が店の外で「注文の品が揚げ上がる」のを待っていたという[*67]。しかし、こうした店は短命に終わったようである。二〇世紀初頭にはぽつぽつと店が出来ていたようである。第一次世界大戦末期のシアトルにあったフィッシュ・アンド・チ

ニューヨークにあったクーパーズ・フィッシュ・アンド・チップス・ストア（1936年）

ップ・ハウスや、一九三〇年代中頃のニューヨークにあったクーパーズ・フィッシュ・アンド・チップス・ストアなどがそうである。後者は一日に一〇〇〇食を売り上げると豪語していた。[*68] 一九六〇年代にはちょっとしたブームが起こった。マクドナルドやケンタッキー・フライドチキンのような急成長していたファストフード店を模倣し、H・サルト、アーサー・トリーチャーズ、アルフィーズ、チャッピーズ、ロング・ジョン・シルヴァーズといったチェーンが次々と生まれたのである。創業者がイギリス人の場合もあれば、アメリカ人の場合もあり、大抵はフランチャイズ店として経営されていた。たとえば、リンカンシャー州出身のハッドン・サルト（H・サルトというチェーン名の由来である）は四〇〇店舗以上のチェーンを築き上げ、テキサス出身のカール・B・ザッカーはアルフィーズを経営した。こうしたチェーンに加え、独立系の小規模店も登場していたが、そうした店はありきたりなステレオタイプに乗っかった店名をつけていた。たとえば、ユニオンジャック・フィッシュ・アンド・チップス、オールド・イングリッシュ・フィッシン・チップス、ヨークシャー・フィッシュ・アンド・チップス・ショップ、HMSコッド〔HMSは"Her Majesty's Ship"（女王陛下の船）の頭字語でイギリス海軍艦船の意味〕といった具合であった。一九七〇年代には新たなチェーンもいくつか出現した。そのひとつで南西部に拠点に置いたキャプテン・ディーズは、フィッシュ・アンド・チップスに加えて、「小エビとカキ料理、ナマズ、チキン、チーズバーガー、ジャイアント・バーガー」とアメリカ的なメニューを取り揃えていた。一九七〇年代末にはアーサー・トリーチャーズが、合計で一五三店の直営店と三六二店のフランチャイズ店を展開していた。[*69] 一九八〇年代のあいだにチェーンやフランチャイズの勢いは失われたが、個々の店舗はしっかりと生き残った。そうした店は、常にというわけではないが、大抵イギリスに関するステレオタイプに迎合していた。たとえば、マサチューセッツ州ウースターのフォーリー・アンド・サンはそうではなかったが、ニューヨークに拠点を置いていたア・サルト・アンド・バッテリーやチップ・ショップはステレオタイプに乗じていた。[*70] 食べものを含めてあらゆるものがエスニック・アイデンティティを持つ移民の国では、フィッシュ・アンド・チップスが典型的なイギリスの食べものという役割を担わせられるのは避けがたいことだったようだ。[*71]

中東・アジア

チェーンやフランチャイズはこの料理をアメリカ国内に普及させる役割を果たしたが、ハリー・ラムズデンズはそれを世界的なものにする役割を果たしてきた。同社はイギリス国内の支店に加え、世界中に支店を設けた。一九九五年には香港とメルボルンで店舗を経営し、一九九八年にはシンガポール、〔サウジアラビアの〕ジッダ、ドバイに支店を開いた。ドバイ店の店長は次のように語っている。「私どもはバターやヴィネガーをはじめ、あらゆるものをイギリスから輸入しており、それが地元のみなさまからご好評をいただいております」。イングランドらしい雰囲気を醸し出すため、「内装はチェックのテーブル・クロスに至るまで、ハリー・ラムズデンズの他のレストランと全く同じにしてあります[*72]」。

海外に進出していくなかで、フィッシュ・アンド・チップスは他のどの料理よりもはっきりと、イギリスの食べものというアイデンティティを持つようになり、そのおかげで生まれた国の外でも名が知られるようになった。ピザやパスタがイタリアと、「中国」料理が中国と、カレーがインドと同一視されるようになったのと同じように、国際的な文脈においては、フィッシュ・アンド・チップスはイギリスの食べものの象徴になっているのである。とはいえ、それがピザやパスタや「中

世界中で目にする「伝統的」なフィッシュ・アンド・チップス。上の写真はロンドン北部ホーンジーにあるジョージズ・フィッシュ・バー（2013年）

国」料理ほどのグローバルな訴求力を持っていないことも確かである。故国から旅立った後、いくつかのヴァリエーションは生まれたかもしれないが、上述した三種の料理とは異なり、料理として大きく変容することもなかった。それゆえ、ハリー・ラムズデンズのドバイ店店長が指摘した[*73]ように、その料理はドバイで食べても、世界中にある同社のどの支店で食べても全く同じなのである。イギリスの外でも客たちは魚の衣揚げ《バタードフィッシュ》とチップスに塩とヴィネガーをかけて食べているという意味で（食べられている魚の種類はイギリスとは違っているかもしれないが）、フィッシュ・アンド・チップスは世界中で本物の味が楽しまれているのである。にもかかわらず、マーケティングとステレオタイプ化によって、それがイギリスのルーツとしっかりと結びついていることが強調されてきたのである。

故郷の味

イギリス国外でフィッシュ・アンド・チップス店を開業した経緯を語る多くの話からうかがえるように、この料理の輸出には進取の気性に富んだ移民たちが大きな役割を果たしてきた。またそこにはその料理が海外で暮らすイギリス人の後を追いかけていった様子が見て取れる。イギリス人の旅行者のなかにも、フィッシュ・アンド・チップスを故郷の味と結びつけた者もいた。一九六六年、スコットランド出身の歌手のルルはこう語っている。

一二月はアメリカに行って、テレビ番組に出て、ハリウッドで撮影のオファーについて話したんですけど、そのとき、びっくりする発見をしたんです。あっちにはフィッシュ・アンド・チップスの店がないんですよ。だから、アメリカ人の食生

スペイン南部マラガ県・アラウリン・エル・グランデにあるアリ・ラムズデンズ。アジア系イギリス人男性が経営している（2000年頃）

活には大事なものが欠けているんです。ほんとに。サンセット大通りにフィッシュ・アンド・チップス店が一軒もないんですよ！　ねぇ、ひどいでしょ！　だから私はあっちには住めないなと思ってるんですけど、当然ですよね？[*74]

　イングランド北東部出身の元ロンドン警視庁《スコットランド・ヤード》刑事で、テキサスに移り住んだある男性にとって、その料理は彼がダラムにいた時にそれを買っていた店と結びついていた。「私がイングランドに残してきたあらゆるもののなかで、最も恋しく思っているのが、ビンビスのフィッシュ・アンド・チップスなのです」。それを聞いてその「店は、注文の品を最高の状態に保つべく、一人前のフィッシュ・アンド・チップスを急速冷凍」し、彼のもとに送ったのだった。[*75] BBCのジャーナリスト、ジョン・シンプソンの次の回想はさらに印象深いものである。「一九九

キプロス島で「伝統的」なフィッシュ・アンド・チップスを売るエリミズ・キッチン。同店のオーナーはかつてコヴェントリーでフィッシュ・アンド・チップス店を所有していた（2007年）

三年にセルビア軍に包囲されたサラエボにいたときに、私は自分の精神のなかでフィッシュ・アンド・チップスが何かしらの重要な役割を担っているという事実を初めて意識した」。食糧と水が欠乏していたため、彼は食べものに思いを馳せ、同僚たちと食べものについて話すようになった。「ただただフィッシュ・アンド・チップスが食べたかった。私たちが装甲車に乗って出かけた際、私はまさにそれを食べることができたのだ。とても忠実な出来栄えで、完璧な調理だった。チップスは黄金色、フライドフィッシュも見事なものだった」。シンプソンはその料理を実際に食べていたのは年に一度くらいだったと述懐している。「しかし、それは私を子ども時代に引き戻したのである。遠い昔、私は父とよく同じ店でフィッシュ・アンド・チップスを食べていたからである[*76]」。

　在外イギリス人のコミュニティでも、この「イギリスらしさ」の食の象徴は食べつづけられてきた。ティム・アルバートは一九七六年、ドバイで働くイギリス人移民たちを訪ねた際、「ダーツで遊べ、フィッシュ・アンド・チップスが食べられ、イングランド製のドラフト・ビターを飲めるカントリークラブ」を発見した。[*77] 同様に、海外にある陸軍基地というイングランドの村落が再現されている場所でも、他のイギリス料理とともに、フィッシュ・アンド・チップスが広く食べられている。[*78] スペイン国内でイギリス人たちが暮らしている居住地でも同様のことが見られる。そこの住民たちは英語を話し、クラブを設立してきただけでなく、ヨークシャー・プディングやフィッシュ・アンド・チップス、シェパーズ・パイ、それからマーマイト〔マーマイト社の製品で、ビール酵母から作られた発酵食品。パンやクラッカーにつけて食される〕のようなブランドが付いた商品など、故郷と結びつけられた食べものを食べてきたのである。[*79] マヨルカ島は一九六〇年代以来、イギリス人移住者だけでなく、イギリスからの大衆観光客を引きつけてきたことから、[*80] フィッシュ・アンド・チップス店が続々と誕生した。たとえば、ジェフ・トーマスは一九九三年にコッドファーザーを開店し、三月から一一月まで店でフィッシュ・アンド・チップスを提供した。[*81]

同じくキプロス島でも一九六〇年代からイギリス人観光客が急増したため、島のあちこちでイギリス料理が食べられるようになった。レストランのオーナーのほとんどはキプロス人だったが、なかには以前イギリスに住んでいたことがある者もいた。またイギリスでフィッシュ・アンド・チップス店を経営した経験を持つ者もいたようである。エリミズ・キッチンがあるのはリマソールとパフォスを結ぶ旧B道路沿い、つまり往来の多い道から逸れ、上記の二都市の観光エリアからも離れている。その店のオーナーは、かつてコヴェントリーでフィッシュ・アンド・チップス店を所有していた。しかし新店舗では「伝統的なフィッシュ・アンド・チップス」とともに、ケバブやさまざまな小皿料理《メゼ》を出し、メニューはギリシア語と英語の両方で書かれていた。[*82]

4　フィッシュ・アンド・チップスの「イギリスらしさ」

労働者の食べものから「イギリス人」の食べものに

エリミズ・キッチンは、フィッシュ・アンド・チップスの「イギリスらしさ」にだけ注目していては見えてこない、その料理のもっと複雑なエスニシティを示している。そうした複雑性は特にフィッシュ・アンド・チップス店のオーナーの出身地を検証することで見えてくる。しかし前世紀を通じて、とりわけ一九四五年以降、その料理は次第に国民食としてイギリス人と結びつけられるようになってきた。第一次世界大戦以前の数十年間にその料理が登場してきた時期、その料理にアイデンティティがあったとすれば、そのアイデンティティは、中産階級の著述家たちが強調していたように、貧困や労働者階級と結びついたものだった。大戦間期には、フィッシュ・アンド・チップスはより広くイギリス人全般と結びつけられはじめた。しかしながら、数々の料理本や多岐にわたる出版物に掲載された記事、それからフィッシュ・アンド・チップスがイギリス人の後を追って海外に出た経緯から明らかになるように、それが「イギリスらしさ」を象徴する食べものになったのは一九五〇年以降のことにすぎない。たとえそれが海外に渡っていない場合でさえ、ジョン・シンプソンの回想が示すように、それは故国と結びつけられるようになっている。だが、フィッシュ・アンド・チップスの「イギリスらしさ」はそれゆえ、想像力と言説とマーケティングの領域に存在するものということになる。フィリップ・ハーベンの本は、フィッシュ・アンド・チップスの「イギリスらしさ」を文字通りの意味で確立させる上で、重要な役割を果したと言うことができるかもしれない。しかし、一九六〇年代から一九七〇年代に他の形態の持ち帰り料理が到来したことによって、この料理は一つのエスニック・アイデンティティを持つことを余儀なくされたのであった。カレーがインドと結びつけられ、パスタがイタリアと結びつけられるようになったのと同じように、フィッシュ・アンド・チップスはイギリス人の食べものになったのである。これは、一九七〇年代までにあらゆる料理に一つの国籍を割り当てることが求められるようになったことに起因する。この発想は、大通りに立つレストランの存在だけでなく、どんどんとエスニックな境界線で分けられるようになった料理本や、さまざまな持ち帰り料理を国ごとに分けて再現しているスーパーマーケットによっても存続させられてきた。フィッシュ・アンド・チップスが海外に出ていったときにも、主な行き先となった地域は限られ、かつての白人定住植民地《ホワイト・コモンウェルス》のように相当数のイギリス系住民を抱える地域や、地中海沿岸のようにイギリス人が休暇や移住のために赴く地域であることが多かった。フィッシュ・アンド・チップスがこれらの地域を越えて広がった場合も、ハリー・ラムズデンズにせよ、アメリカのチェーンにせよ、過去半世紀にそれを販売してきた店は、その「イギリスらしさ」を強調してきた。

このように一九五〇年以降、マーケティング、料理本、そしてフィッシュ・アンド・チップス業界自体が、この料理の「イギリスらしさ」をいっそう強調するようになってきた。これは一つのアイデンティティを構築し、割り当てるプロセスだったわけだが、「イギリスらしさ」という考えがもっともらしいものとして受け取られたのは、フィッシュ・アンド・チップスの起源がヴィクトリア朝時代のイギリスにあり、前世紀の大半にわたってイギリス労働者階級の常食としての役割を果たしたからであった。しかしながら、この料理が持つ他の側面を検証すれば、その発展と存続にはイギリスに来た移民たちが大きな役割を演じてきたという事実が明らかとなる。

第4章　エスニシティ

二〇世紀後半にはフィッシュ・アンド・チップスは、「イギリスらしさ」を象徴する食べものにまでなった。だが、そのような意味づけによって、この料理とそれを売っていた人々についての確かな現実が無視されてきた。そもそも、その料理を構成する二つの要素がどこから来たのかを調べれば、それらの起源がイギリスの外にあることが分かる。チップスはフランスからイギリスに入ってきた可能性がある。他方の魚の衣揚げ《バタードフィッシュ》はユダヤ人がもたらしたもので、その歴史はおそらく近代初期にまで遡れる。一九世紀の大半の期間、フライドフィッシュはユダヤ人たちの食べものとして知られていた。それどころか、ヴィクトリア朝時代のイギリスには、ユダヤ人はフライドフィッシュのにおいがするという悪辣《あくらつ》な反ユダヤ主義のステレオタイプが流布していた。ユダヤ人的な顔相とされるものが作り出され、一部の特徴がひどく誇張されていたように、においもでっち上げられていたのである。

においてについては人種差別主義者たちによる勝手な決めつけだったが、フィッシュ・アンド・チップス店のオーナーがエスニック・マイノリティであるという例は実際に多かった。ヴィクトリア朝ロンドンにはフライドフィッシュを売るユダヤ人は間違いなく存在したし、一部のユダヤ人は二〇世紀の半ばまでその生業を続けていた。またイタリア人はアイルランドをはじめ、スコットランドやウェールズでも、この商売の発展に大きな役割を果たした。第二次世界大戦以降のフィッシュ・アンド・チップス業界では、地中海地域、特にキプロスの出身者が重要な存在でありつづけている。しかしここ数十年で、オーナーたちの国籍はさらに多様になってきている。メディアは、そして業界自体もフィッシュ・アンド・チップスに「イギリス的」なアイデンティティを感じて悦に入っているが、その料理の起源やユダヤ文化とのつながり、そしてオーナーたちの来歴について調べれば、いささか異なった現実が見えてくる。

1　外国から来たフィッシュ・アンド・チップス

フィッシュ・アンド・チップスは外国発祥？

フィッシュ・アンド・チップスの起源はイギリス国外にあると言うと、いまだに一部の人たちを驚かせてしまうかもしれないが、この事実はここ一〇年でずいぶんと受け入れられてきた。二〇〇四年に私の勤め先のデ・モントフォート大学が、拙著『スパイシング・アップ・ブリテン』に関係したプレスリリースを出した。これは、グローバル化と移民がイギリスの食にどのような影響を及ぼしたのかを検証した本である。ＰＡ通信がこのプレスリリースに興味を持ち、フィッシュ・アンド・チップスは外国発祥であると報じる記事にしたところ、世界中のメディアの注目を集めることになった。二〇〇四年一月九日の『ファイナンシャル・タイムズ』紙は「フィッシュ・アンド・チップスとコーシャ・フレンチ・コネクション〔「コーシャ」はユダヤ教の食事規定に則った清浄な食べもの〕」という奇妙な見出しの記事を掲載、同日の朝の『デイリー・スター』紙も「ル・グレート・ブリティッシュ・フェーシュ・アンド・シェープス　それはカエルたちの食べものだと大学教授が主張〔「カエル」はそれを食べる習慣を持つフランス人に対する蔑称〕」という大見出しでこれを報じた。BBCに至っては、フィッシュ・アンド・チップスを販売するチェーンのハリー・ラムスデンズの代表者に、この報道についてのコメントを求めることまでした。同社からは次のような公式声明が出された。「教授が具材の起源について行った調査の結果は興味深く拝聴いたしましたが、私どもとしては、やはりそれらは偉大なイギリスの伝統であり、これからもずっとそうありつづけるであろうと確信しております」[*1]。そのプレスリリースはイギリスの極右のあいだでも注目され、あるネオナチのウェブサイトの意見交換用の掲示板に、他の数々の著名人と並んで私の名前が載ることになった。見出しには「汝の敵を知れ」と書かれていた[*2]。

私の主張は激しい反発を招きもしたが、それ以降も折に触れて何度も取り上げられてきた。これは、フィッシュ・アンド・チップスは「外国」発祥であるとの見解が少しずつ受け入れられてきているしるしだろう。二〇〇六年一月二三日、パトリック・ウェストは『ニュー・ステイツマン』誌に「フィッシュ・アンド・チップスは我々の発明品ではない」と題した記事を発表し、こう力説した。「イングランドの『伝統』料理は、外国由来のものが混ざり合って出来たものなのである。それが普及したのは一九世紀末、当時の労働者たちが拍子木切りにしたジャガイモを揚げるベルギーやフランスの習慣と、衣をつけた魚をたっぷりの油で揚げるユダヤ移民の伝統を結婚させたのだった」。二〇一〇年には、『タイムズ』[*3]紙や『デイリー・メール』紙、テレビ料理人のクラリッサ・ディクソン・ライトといった「イギリスらしさ」の誇り高き守護者たちまでもが、この見解を受け入れるようになった。『デイリー・メール』紙は「ポルトガル人がフライドフィッシュを我らに与え、ベルギー人がチップスを発明し、一五〇年後にイーストエンドの少年がその二つを合体させ、世界最高の共演を生み出した」という冗長なタイトルの記事を掲載した。その記事はフィッシュ・アンド・チップスの略史を紹介し、フライドフィッシュは一六世紀にスペインの異端審問を逃れたユダヤ難民が最初に持ち込んだもので、他方のチップスの起源はベルギーにあると述べている。[*4]一方、ディクソン・ライトはこう指摘している。

> 私たちが典型的なイングランド料理と考えているが、実際には、最近よそから来た料理というものもある。すべて称賛されるべきものである。フィッシュ・アンド・チップスを例に挙げれば、この押しも押されもせぬイングランド料理は、一六世紀に南米から伝わり一九世紀になってはじめてチップスに変貌したジャガイモと、ヴィクトリア朝期にユダヤ移民とともに渡来したフライドフィッシュが合わさって出来上がった。[*5]

私の主張は多方面に衝撃をもたらした。しかし、元のプレスリリースも、その後に出た数々の新聞記事も、大して具体的な証拠を大して挙げていなかったにもかかわらず、それは一〇年と経たぬうちに定説になったのである。

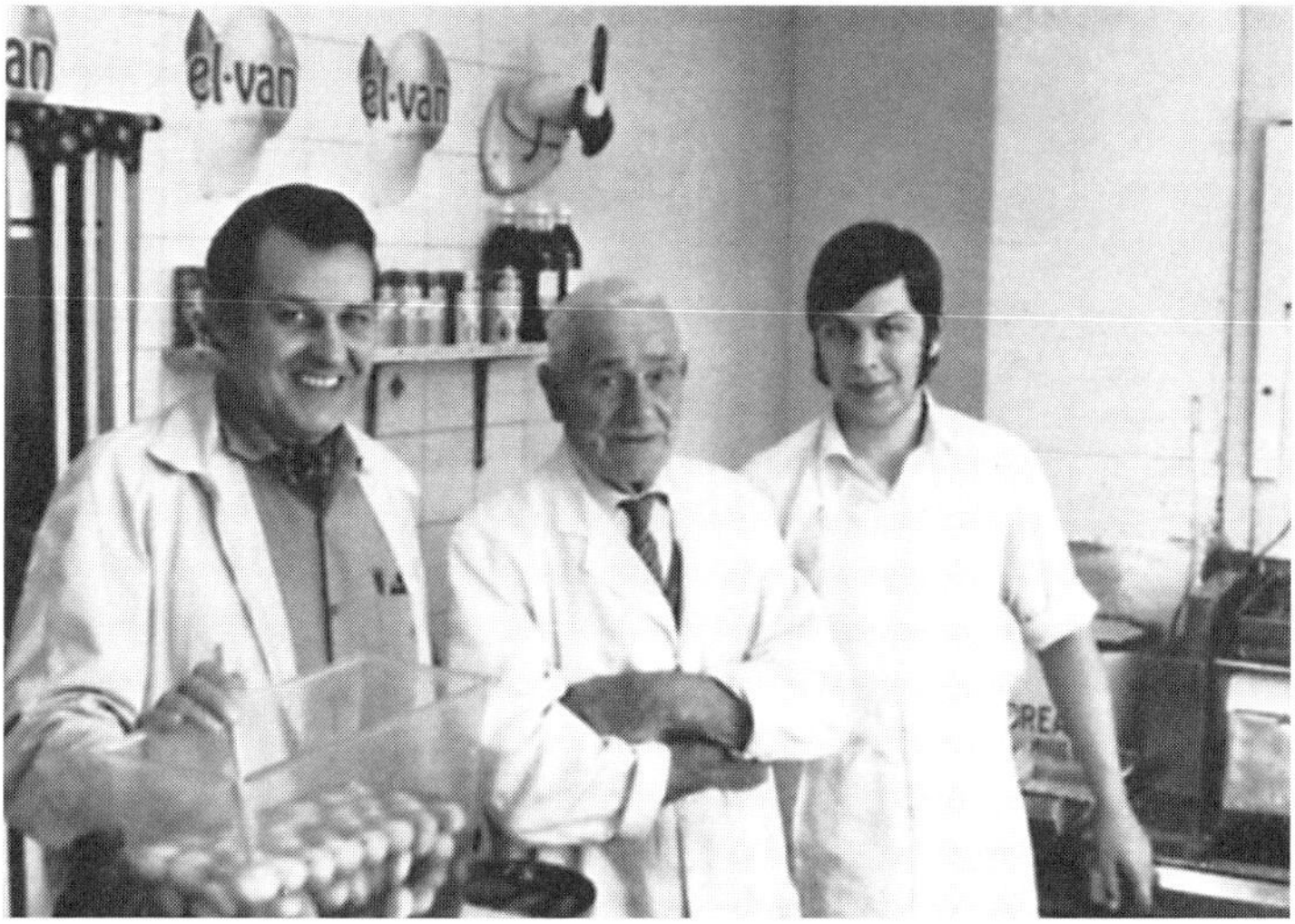

ユダヤ系だったと考えられているマリン一家（1970年代初頭）

フライドフィッシュとユダヤ人

フライドフィッシュの起源をユダヤ人に求める点には意見の一致が見られるが、右で引用したいくつかの文章からも分かるように、この料理がいかにユダヤ的なものであるかを「証明」しようとさまざまな逸話が紹介されてきた。クラウディア・ローデンは著書『ユダヤ料理本』によって、フライドフィッシュはユダヤ特有の食べものという考えを世間に広めた。その本で彼女は、（ユダヤ人の居住が禁じられていた時代の）イングランドを生きた改宗ユダヤ人《マラーノ》（隠れユダヤ教徒とも呼ばれる）、マニュエル・バラーノが一五四四年に書いたラテン語の文章を紹介している。そこでバラーノは、フライドフィッシュ――小麦粉をまぶし、卵、パン粉を順につけてから油で揚げたもの――のことを、自身のコミュニティで人気の料理と説明しているのである。[*6]ユダヤ人のイングランド再入国が許可されてから三五〇周年を迎えたことを記念した『ジューイッシュ・クロニクル』紙の付録に掲載された記事も、この話題を繰り返し、ロンドンで最初のフィッシュ・アンド・チップス店を開いたジョゼフ・マリンはユダヤ人だったと指摘している。[*7]また、二〇〇九年六月四日付の同紙に掲載されている記事「冷たいものを好む人もいる」は、こうした話題の多くに改めて言及するとともに、次のように述べている。「フライドフィッシュは元々安息日の料理で、（南欧の）セファルディム系ユダヤ人たちは木曜か金曜の朝に作りおきし、金曜の夜か土曜に冷たいまま食べることもあった」。記事を書いたサイモン・ラウンドによれば、東欧から来たアシュケナジム系ユダヤ人である彼の一族は、今もその伝統を守っているとのことである。ローデンもよく似た話をしている。

フィッシュ・アンド・チップスはイングランドの国民食になったが、イギリスに住むユダヤ人にとっては、冷たいフライドフィッシュが最も一般的な料理法だった。私の義理の母に聞いた話では、かつて彼女の実家がイーストエンドで魚屋を営んでいた頃、彼女たちは毎週金曜に魚を揚げてそれを親類に配っていたそうである。[*8]

また、あるユダヤ人の被告に関する裁判事件を報じた一八六八年の新聞記事は、過越《すぎこし》の祭〔ユダヤ教の祭日のひとつ〕の前に「主席ラビがすべての監獄を回り、ユダヤ人の囚人たちが過越の祭用のケーキとフライドフィッシュと油を得られるように手配した」と述べている。[*9]

ヴィクトリア朝時代のイーストエンドにおけるユダヤ人たちの暮らしを描いたイズレイル・ザングウィルの古典小説『ゲットーの子どもたち』には、油で揚げたものも、そうでないものも含め、魚を食べることについての言及が散見される。「ハイティー〔主に労働者の家庭で仕事後の午後六時頃に取られる夕食〕」が描かれるところでは、その際「ゲットーでは」「魚以上に肉々しく食べごたえのあるものを並べる必要がない」と書かれている。さらにこう続く。

実際魚は食事に欠かせない一品なのである。フライドフィッシュ、すばらしきフライドフィッシュ！　偉大な詩人でもなければ、この民族食《ナショナル・ディッシュ》の賛美歌を唄うことはできない。……ユダヤ式のフライドフィッシュは常に冷たい状態で提供される。衣は美しいきつね色、中の身はひきしまり、肉汁をたっぷり湛えている。その骨には髄がぎっしり詰まっている。そう、幸福だった過去の記憶も詰まっている。口先だけでの団結の宣言などよりも、フライドフィッシュは在英ユダヤ人を固く結びつけるのだ。その香気は小さき頃より慣れ親しんだもの。千にも及ぶ幼少期の思い出によって愛しさを増した神々しき風味は、この上なく神聖な連想の数々と絡まり合いながら、白髪の罪人たちを信仰の道へと引き戻す。ことによると、ユダヤ人のご婦人方がふくよかになるのは、フライドフィッシュのせいかもしれない。[*10]

ザングウィルはフライドフィッシュを食べることとユダヤ人とをほとんど霊的に結びつけ、それをユダヤの料理とそのアイデンティティの中心に据えている。ザングウィルはフライドフィッシュをユダヤ性の肯定的な象徴として用いている。これは、多くの反ユダヤ主義者たちが味ではなくにおいに着目し、それを否定的な象徴として用いていたのと対照的である。

ユダヤ料理としての魚の衣揚げ

こうした証拠は——なかには主観にすぎないものも、印象だけに基づく受け売りでしかないものも含まれているが——フライドフィッシュの起源がユダヤ文化にあると示している。料理本もユダヤ人とフライドフィッシュのつながりを明らかにするのに役に立つ。特に第1章で言及したハナー・グラスのレシピはそうである。そこでは冷たいフライドフィッシュの方が歴史が古いということが示唆されていた。ヴィクトリア朝時代の料理本の著者アレクシス・ソワイエは数種類のフライドフィッシュのレシピを紹介している。そのなかにユダヤ風と言われるものがあり、それは「イスラエルの子どもたちが常に用いるもので、多くの人たちが低く見ている類の魚も、この調理法なら美味しく料理できるため、非常におすすめ」とされている。ここで説明される調理法が衣揚げなのである。オヒョウ《ハリバット》を切り、塩をふって置き、水気を抜いた後、「二オンスの小麦粉」と水を混ぜて作ったバッター液を「スープ皿」に入れ、そこに魚を浸す。揚げる際には、鍋に「四分の一ポンドの油脂かラードか脂汁（ユダヤ人は油を使う）」を入れる。ソワイエはそのまま食べるだけでなく、いろいろとソースをかけて食べることも提案している。「それは非常に涼味があり、夏季には油と酢、キュウリと一緒に食べるとさらに涼味が感じられてよい[*11]」。ソワイエの同時代人であったエリザ・アクトンも著書『家庭向け近代料理』のなかの「外国およびユダヤ料理」と題された章で、冷たいフライドフィッシュのレシピ——この事例では衣をつけずに揚げている——を紹介している[*12]。そのほかにも、ヴィクトリア朝時代の最も有名な英国ユダヤ料理本（『ユダヤ料理指南』（一八六四年）のこと」が、二種類の揚げ魚の調理法を紹介している。一方は「イングランド式」と呼ばれるもので、他方は「フライドフィッシュ・イン・オイル」と名付けられたレシピである。後者は、魚の切り身を溶き卵に浸してから小麦粉をまぶして「魚が小麦粉でしっかり覆われるように」して、「沸騰させた最良の揚げ油」が入った鍋に入れるというものである。このレシピの最後には「通常この方法で調理した魚は冷たい状態で提供される」と書かれている。[*13] 一〇〇年後に出版された二〇世紀で最も有名な英国ユダヤ料理の本を参照しても、『ユダヤ料理指南』に掲載されているものと同様のレシピを見つけることができる。フローレンス・グリーンバーグは魚の揚げ方を四つ列挙しており、そこでやはり冷たい状態で出すときの揚げ方として、塩で味を付けた中力粉を魚にまぶし、それから卵をつける（この順番である）という方法を紹介しているのである。[*14] 魚を揚げるという調理法はさまざまなエスニック・グループに見られるものだったが、[*15] それは殊のほかユダヤ人と関連づけられ、バッター液――とりわけ卵と小麦粉だけしか入っていないもの――を用いる場合は、特にユダヤ文化とのつながりが連想されるようになっていたようである。

「フレンチフライ」はフランス生まれ？

チップスが外国から来たことを示す証拠は、フライドフィッシュの場合に比べてずいぶん少ないのだが、「フレンチフライ」と呼ばれているとおり、元々フランスで生まれた可能性はある。すでに見たように、チャールズ・ディケンズが「かすかすしたジャガイモのチップス」に言及しているのが、『二都物語』のなかのパリの場面だったことは重要である。[*16] 一八世紀半ばから一九世紀初頭までのフランスには、ジャガイモの揚げ物のレシピがいくつも存在しており、それゆえヴィクトリア朝時代のイングランドの料理本に見られるレシピ――最も有名なのはソワイエのものである――よりも時期的に先行しているように思われる。やはり、ソワイエがフランス生まれで、その地で前半生を過ごした事実を重要視してもよいのかもしれない。[*17]

ストリートフードとしてのチップスは、フランスでは一九世紀中、おそらくイギリスよりも少し早い時期に登場し、その後イギリスと同じく一九世紀後半に広く世に知られるようになったものと思われる。ベルギーでも同様のパターンが見られた。そこでのチップスは最初一八四〇年代に人気が出はじめ、一九世紀末にはスリート・フードとして広く普及した。[*18]「フレンチフライ」という名称は、一九世紀中にイギリスではなくアメリカ合衆国で生まれた。[*19] しかし、一八八六年七月三一日の『ガールズ・オウン・ペーパー』誌掲載の「フライドポテト」のレシピには、「ジャガイモの揚げ方など誰でも知っていると思われるかもしれませんが、それに比べ、フランス式のジャガイモの揚げ方を知っている人はきっと少ないはずです」と書かれている。ここで言うフランス式とは、「指のようなかたちに細長く切る」ことだった。[*20]

フランス人とチップスの到来に関連性を見出すのは、ユダヤ人とフライドフィッシュを結びつけるよりも難しい。その食べものを〔イギリスに〕持ち込み、広めた移民が、ミッシング・リンクになっている。これから見ていくように、ユダヤ人は神話と現実の両方の面で、フライドフィッシュと関連づけられていったようである。他方、イングランドに住むフランス人には同程度の注目が向けられてはいなかった。国政調査の質問項目に出生地が初めて加えられた一八六一年の時点で、フランス人の数は三万人近くにまでなっていたにもかかわらず、かれらは注目されていなかったのである。これはイギリスに約五万人住んでいたユダヤ人と比べれば少ないが、ユダヤ人の方は移民とその子孫の両方を含めての数だった。フライドポテトはフランス起源であるかもしれないが、フランスからイングランドに移民とともに渡ってきたことを示す証拠はほとんどない。問題の一端は、イギリスのフランス人は概して歴史記録のなかに現れず、同時代人からも歴史家からも無視されてきたという事実にあるかもしれない。[*21]

2　ユダヤ人の食べもの

反ユダヤ主義的ステレオタイプ

これとは対照的に一九四五年以前のユダヤ人は絶えず注目を浴びてきた。ほとんどは否定的な意味での注目だった。かれらはアイルランド人と並んで、イギリスで最も目立つ移民コミュニティになっていた。数々の歴史家が明らかにしてきたように、反ユダヤ主義は〔イギリスの〕日常生活の一部でありつづけ、さまざまなステレオタイプを生み出してきた。そうしたステレオタイプには中世に起源を持つものもあったが、一九世紀末にこの憎悪が新たなかたちで台頭したのに合わせて出現したものもあった。反ユダヤ主義の研究者たちは、ユダヤ人に対する憎悪というものは繰り返し形を変え、ユダヤ人が社会階層のどこに属していようとも、かれらの生活の何がしかの側面を標的にするようになると強調してきた。一九世紀半ばというのは、ユダヤ人が解放された結果としてついに十全な公民権を獲得し、より苛烈な形態を取っていた中世の迫害を脱した時代だったかもしれないが、だからといって、かれらに対する敵意が消え去っていったわけではなかった。[*22] ここで私たちが主に対象としている一九世紀初頭において、古典的ステレオタイプだったのが都心《インナー・シティ》の低所得地域の泥棒で、子どもたちを搾取するフェイギン〔ディケンズの『オリバー・ツイスト』に登場する、孤児を集めて窃盗団を組織しているユダヤ人〕だった。この時代は多くのユダヤ人が社会移動を果たした時代だったが、ユダヤ人のかなりの部分はまだ都市のゲットー、特にロンドンのイーストエンドに留まっていた。少なくともユダヤ人以外のマジョリティの目にはそのように映っていた。[*23]

この時代に出現した数々の反ユダヤ主義的ステレオタイプのなかにはユダヤ人の食べものに焦点を当てるものまであった。ユダヤ人の食べものといえば、二〇世紀初頭までずっとフライドフィッシュであると考えられていた。特ににおいに注目が集まったために、都心《インナー・シティ》の低所得地域のユダヤ人はフライドフィッシュを食べるだけでなく、そのにおいがするというイメージが生み出された。漂ってくるにおいでゲットーを嗅ぎ分けられると主張する論評者さえいた。このにおいが労働者階級と関連づけられる以前は、それは都市の貧民街と結びつけられ、場合によっては社会的に移動するユダヤ人とも結びつけられていたのである。一九世紀の新聞や定期刊行物を調べれば、ユダヤ人とフライドフィッシュとのつながりが明らかになってくる。記事の論調はそれぞれ異なってはいる。おおむね事実のみを伝えている記事もあれば、無邪気な反ユダヤ主義とでも呼べそうなものに手を出している記事もあり、また悪意のあるイメージを作り出している記事もあった。

新聞に描かれたユダヤ人とフライドフィッシュ

事実のみを伝えている記事というのは、他の事柄を扱っている際に、話のついでとして魚を食べる習慣に触れているものなどである。たとえば一八二四年、「一二支族のライト級チャンピオン」バーニー・アーロンがピーター・ウォーレンと対戦するボクシングの試合が、「ロンドンから約三〇キロ離れた」コーンブルックで開かれた。その試合の前夜、東ロンドンのペチコート・レーンの周辺地域は、アーロンのボクシングを観戦しに出かけるユダヤ人たちに向けて「路上で軽食を売ろうと魚を揚げたり、他の食べものを調理したりしている者であふれていた」と報じられている。[*24]また一八五三年、「サラ・リップマン、未婚、平凡な見た目の若い女性、ユダヤ教徒」が、赤子を焼き殺して「自分が赤子を産んだ事実を隠そうとした罪で起訴された」。この事件の報道によれば、リップマンは「ホワイトチャペルのケーブル・ストリート三二番でフライドフィッシュ店を営んでいた」らしい。[*25]どちらの記事も、特に二つめは、反ユダヤ主義的なステレオタイプを大々的に用いているわけではない。話のついでとして魚を揚げる生業に言及しているか、もしくは状況の説明のためにそのことに触れているだけである。

続いて、「無邪気」な反ユダヤ主義、もしくはもっと過激な反ユダヤ主義を含んでいる記事を見てみたい。前者には特に悪意が込められているわけではない。だが、それだけに一層、一九世紀のイギリスにはこの種の人種差別主義が蔓延していたことを物語っている。そういった記事では、ユダヤ人についてのステレオタイプが用いられているが、控えめに抑えられている。ロンドンにいるユダヤ人の生活について観察しているはずが、ついついステレオタイプを使ってしまっているのである。というのも、そうしたステレオタイプは、ヴィクトリア朝時代のユダヤ人についての一般言説に、すでに染み込んでいたからである。[*26]無論、もっと露骨にステレオタイプを使用している記事の場合、ユダヤ人とフライドフィッシュが結びつけられていることがよりはっきりと分かる。

たとえば、一八四四年にシティ・オブ・ロンドンのポートソケン区の参事会員の席をめぐって「シェリフ・ムーン氏」と「デヴィッド・サラモンズ氏」が争っていた選挙に関する新聞報道には、次のような激しい言葉遣いが出てくる。

我々がヘブライ人に反対しているのは、彼が豚肉を嫌悪の対象としているからではない（豚肉好きには言い分があるだろうが）。そうではなく、彼がヘブライ人だからである。フライドフィッシュや顎髭、帽子や高利貸し、金貨やシナゴーグ、何でもいいのだが、彼にはヘブライ人ならではの物事に専念してもらおう。そうであれば、我々も何も言わない！

この三文目には、高利貸し、宗教、容姿、そして何よりフライドフィッシュを食べること、と一九世紀イギリスで流布していたユダヤ人に関するほぼすべてのステレオタイプが網羅されている。[*27] 一八四八年の「東ロンドンのユダヤ人街を歩く」と題された記事は、次のようなものが目に入ると、ユダヤ人街に足を踏み入れたとすぐに分かると述べている。

ほとんど例外なく開け放たれている窓、住まいの前の舗道に椅子を出して座る男女……中古品を売る薄汚れた店、戸口の柱から吊り下がっている雑多な小汚い安物類、料理屋に陳列されているフライドフィッシュが乗った皿、たくさんの鉄くずとカビ臭いぼろ切れ。[*28]

一八五八年のある新聞記事は、東ロンドンにある「全部ひっくるめてペチコート・レーンとして知られている、細い小道と路地が入り組む迷宮」、「ユダヤ人地区《テラ・ジュダイカ》」とも形容される界隈の、ある日曜日の様子を次のように伝えている。マーケットの客のほとんどはユダヤ教徒ではないが、路上は「数十人のユダヤ人の行商」でごった返していた。「一歩進むごとに、まごうことなきヘブライ語訛りで、コートやベスト、ズボン、ブーツ、帽子の試着をしないかと声をかけられ、一歩進むごとに、活発な取引が行われた」。その記者がホワイトチャペルを抜けてミドルエセックス・ストリートに出ると、彼は偶然「たくさんのフライドフィッシュ」を見つけた。「それが本物であると分かったのは、魚臭い油汚れの筋が入った黄色いドレスを着た丸々と肥えた小柄の女たちが、一生懸命それを揚げている姿が見えたからである[*29]」。

同様に、ヴィクトリア朝時代の魚の揚げ物に関する代表的な記録のひとつである、ワッツ・フィリップスが書いた文章は、働いている女性たちがユダヤ人である点を強調している。商売が行われ

ユダヤ人が多く暮らしたヴィクトリア朝後期のイーストエンド

HOT FRIED FISH
STEWD EELS
THEATRE ROYAL DRURY LANE
LEAR JEWISH MAIDEN
SALE AUCTION CATALOU
This is Miss Becky Solomons at home.
And this is the beautiful Rebecca at Margate.
And this is her Pa!
Ditto.

ヴィクトリア朝時代の漫画。反ユダヤ主義のステレオタイプを用いて、フィッシュ・フライヤーがユダヤ人であることを強調している

ている店を、

借りているのは五人家族……マナセ族の末裔である。母親は太り過ぎてはいるが器量がよく、柔和に輝いた目をし、その鼻の大きさと果実のように厚い唇は彼女の人種を示唆している。……グラックス兄弟の母親を思わせるような面持ちで、レイチェルは子どもたちのあいだに立ち、仕事の手をとめるのは、フォークを武器にして、素行の悪い息子ジェイコブの巻毛頭をつつくときだけである。ジェイコブは、積み上げられた香気を放つ物体の周りをうろうろしている。だめだと言われているが、誘惑に駆られそうになり、今にも飛びかからんばかりである。

その家の長女は、ジュディスの名に恥じない顔つきと存在感で、母の横に立っている。……次女のリアは、古びた繻子のスリッパにピカピカ光る飾り糸を丁寧に縫い付けていて、

フライパンが奏でる愉快な音に合わせて流行歌を唄っている。……ヘブライの女神の末娘サラは、聞き分けのないジェイコブとの小競り合いにかまけてばかりいる。……
ジュー、パチパチ、パチパチ、新鮮な魚の群れが飛び込むと、鍋から聞こえてくる。……ああ、ユダの娘たちよ、スプーナー氏ですらそなたたちの偉業を否定しはしないだろう——そなたたちが揚げる魚は見事だ。[*30]

フライドフィッシュのにおい

フライドフィッシュのにおいは、反ユダヤ主義がはびこるヴィクトリア朝時代のイギリスにおいては、ユダヤ人の存在をほのめかすものだった。一八四九年にラムズゲートを訪れたある人物は、次のように書いている。

まず独特だと感じさせられたのは、あたりに立ち込める強烈なフライドフィッシュのにおいだった。海自体が甘い油の香りを放っているかのようで、陸地には大忙しの無料食堂のようなにおいが漂っていた。だが、波止場に群がる人々には、コーカサス人種であることを示す紛れもない特徴があった。私はイスラエル人たちの居住区のことを見くびっていたと思った。私がその約束の地に足を踏み入れたのは大きな祭りの時期だった。フライドフィッシュや魚の煮込みが常連客向けに売られているのを目にした。チェンジ・アレーやカペル・コート、ハウンズディッチ、アメリカン・スクエアには人々が溢れかえり、何か尋常ならざる興奮に沸いていた。謎はすぐに解けた。宗教指導者の偉大なるラビ、〔ネイサン・マーカス・〕アドラーがここを訪問していたのだった。そのためサケは魚屋の店頭からなくなり、シタビラメ《ソール》も消えた。ロブスターや大エビや小エビ、カニやムール貝は、レビ記の戒律によって禁止されているだが、海産物の取引価格の高騰を受けて、それらの価格も上がっている。選ばれし民にとっての運命の救世主サー・モーゼス・モンテフィオーレ氏は、この地の海辺にヴィラを持っている。それはどこまでも続いていく階段の先にある。絶壁の石を切り出して作ったその階段には「ヤコブのはしご」とお誂え向きの名がつけられている。ここにはもちろんシナゴーグの指導者たちが通っていた。サー・モーゼスは今ダマスカスで貧困者に金銭《ピアストル》を撒いているが、彼の家の門は彼と同じ宗教の信者に対してずっと開かれているからである。[*31]

一方、ホワイトチャペルに関する別の論評は「ある隣人はユダヤ教徒で、ひどくフライドフィッシュのにおいがする」ことに言及している。[*32]同様に、ジョージ・オーガスタス・サラは、一八七二年にロー・レーンのロイヤル劇場を訪れたときのことについて、次のように書いている。おそらく今までのなかで最もあからさまな書き方である。

> すべてのボックス席にイスラエル十《ママ》支族の代表者が陣取っていた。チケット係も、受付係も皆、客のもとまで走り寄った。たくさんの鞄を背負い、一つならず三つも帽子を被った衣装係たちが着換えの用意をしていた。軽食堂はフライドフィッシュのにおいがした。[*33]

これらの引用のうち一番目と三番目は特に興味深い。フライドフィッシュをめぐる連想は、ほとんどの場合、そのにおいと都心の低所得地域《インナー・シティ》にあるユダヤ人ゲットーを結びつけていた。だが、これら二つの事例では、当該の人々が伝統的にかれらと関連づけられてきた地域の外にいるにもかかわらず、依然としてにおいが問題化されているのである。においは、顔相に焦点を合わせる反ユダヤ主義の視覚的なステレオタイプと同様に、ほとんど人種を示すしるしになっていたのである。ユダヤ人がゲットーから出ていったとしても、かれらの見た目やにおいが、常にかれらがユダヤ人であることを明るみに出すというわけである。これらの引用文が指し示すのは、一九世紀における反ユダヤ主義が形を変えてどこにでも現れていたということである。それは貧乏なユダヤ人だけでなく裕福なユダヤ人をも標的にしていたのである。[*34]

ユダヤ人街のにおい

第一次世界大戦前の数十年間に、貧しきユダヤ人たちはあらためて注目を集めることになった。それは大規模な東欧移民の流入が起こり、東ロンドンのコミュニティが活気づいたからである。こうしたニューカマーたちは反ユダヤ主義の新たな波にさらされることになった。そしてその波によって、近代イギリスの移民管理の要石となる一九〇五年外国人法の成立が促された。[*35] ユダヤ人の食べものとにおいに関する昔ながらのステレオタイプも息を吹き返した。「ロンドンのなかのイスラエル」と題されたホワイトチャペルについての記事は、ユダヤ人とかれらの食べもの、かれらのにおい、そしてこの場合には、かれらと貧困のあいだのつながりを例証している。

ロンドンにあるイスラエル出身の植民者たちが住んでいる地区は、健康によいとはとても言えない。一番ましなところでも、新鮮な空気が全く吸えないのである。しかし居住者たちの習慣のせいで、すでに悪い状況は悪化の一途を辿っている。どういう日であろうと、ミドルエセックス・ストリートを散策すれば、窒息か中毒で死んでしまうことになる。その悪臭、つまり汚い店やフライドフィッシュ店、肉屋、そして不潔な住宅から漂ってくる吐き気を催すにおいは、容易には形容できないものである。*36

一方、ロバート・ブラッチフォードの小説『ジュリー』のなかに東ロンドンの「イディッシュ街」に関する記述がある。その地域の特徴が、次のように描かれている。

熱気で煮えたぎる不快な界隈、さまざまなにおいが混ざり合い、窒息しそうになる。揚げた玉ねぎと焼いた骨のにおい、汚い衣類や古くなった魚のにおい、腐りかけの野菜や熟れすぎた果物のにおい、詰まった下水管と掃除されていない犬小屋のにおい。そこにガス工場と皮なめし工場からかすかなにおいが漂ってくる。*37

ユダヤ人とフライドフィッシュを関連づけていた者たちが皆、否定的な意図を抱いてそうしていたわけではない。「ロンドンのユダヤ人たちのあいだで」と題された記事はただ単純に、「フライドフィッシュを食べることは、ヘブライ人にとっての幸福と繁栄の指標なのである」と述べている。その記事が取り上げているのは、ペチコート・レーンにあるミッキー・ジョゼフの店で売られている商品である。

その真価を正しく認めることはユダヤ人以外にはできない。フライドフィッシュに関していえば、ミッキー・ジョゼフが作るなかなかの大きさのそれを食べるのに必要となる繊細な味覚は、ユダヤ人以外には身につけられない。不敬なキリスト教徒の味覚にとっても、実際それは非常なる美味である。しかし、ふくよかで滑らかな肌をした数多のラケルとレアたちが〔ラケルとレアは旧約聖書『創世記』に登場する姉妹。二人ともヘブライ人の族長ヤコブの妻になる〕、最初の一口をほおばり、聖なる恍惚のなかで目を見開くさまは壮観ですらある。[*38]

一九世紀末には、魚を食べることとユダヤ人の知性のあいだには関連があると考える著述家もいた。ステレオタイプは、「ユダヤ人が聡明なのは、かれらが食べる大量の魚のおかげである」という言明に要約されている。[*39]

フライドフィッシュは一九世紀の大半の期間、事実の上でも想像の上でも、ユダヤ移民とのつながりを持っていたのは明らかだと思われる。一部の著述家、特にユダヤ人のイズレイル・ザングウィルはこのことを前向きに強調していたが、一方フライドフィッシュを食べること、それ以上にそのにおいは、反ユダヤ主義者がユダヤ人を攻撃する際に用いる新手の武器になっていた。ユダヤ人とフライドフィッシュのつながりは、二〇世紀初頭にフィッシュ・アンド・チップスが労働者階級と関連づけられるようになるにつれて、徐々になくなっていった。ユダヤ人の食べもののにおいは、貧民の食べもののにおいになったのである。いずれの場合も、フィッシュ・アンド・チップスには否定的な連想がまとわりついていた。それがエスニック・マジョリティの食べものになり、階級的な区別が（少なくとも表面的には）問題にならなくなってはじめて、その否定的なイメージは変わることになった。

3　フィッシュ・アンド・チップスを売る外国人たち

ユダヤ人店主たち

前節で挙げたいくつかの引用文が示しているとおり、一九世紀中ユダヤ人たちはフライドフィッシュを食べていただけでなく、売ってもいた。実のところ、二〇世紀に入っても販売を続けていた。『ケリーズ・ポスト・オフィス・ロンドン商工人名録』一九二三年版には、フライドフィッシュ店の所有者として七七六人が列挙されている。このうち、はっきりとユダヤ系とわかる苗字と、少なくとも中央ヨーロッパ系であることが分かる苗字を合わせると、計一四八名になる。前者のカテゴリーに入るのは、コーエンが一八人、アイザックが一一人、レヴィが一一人である。かれらの店の多くはイーストエンド中心部（E1区）にかぎらず、広くロンドン東部全体に点在している。なかにはロンドンの他の区域に店舗を構えている者もいる。一八人のコーエンのうちの八人はイーストエンドの中心部に、他のコーエンはストラトフォードやグレート・ウェスタン・ロード（W9区）、ペントンヴィル・ロード（N1区）などにいる。

レヴィという苗字のオーナーが所有している店は、ニュー・クロス・ロードやカートライト・ガーデンズ（WC1区）などにあり、アイザックという名のオーナーの店のうちイーストエンドの中心部にあるのは三軒だけである。ロンドンにあるユダヤ人とおぼしき名前がついたフィッシュ・アンド・チップス店一四八軒は、全体の一九パーセント以上を占めていた。なお『ケリーズ商工人名録』には、イタリア系の苗字を持つオーナーが所有している店舗も少数ながら記載されている。[*40] ジェシカ・グールドの父やおじたちの店は、ユダヤ人が営むフィッシュ・アンド・チップス店のひとつである。彼女の祖父母は全員ロシアの出身で、来た当初は服飾産業で働いた。彼女の父の店は失敗したが、おじたちの店はウェストエンドの「適切な場所にあったので」成功した。彼女の一族が所有した店は、コマーシャル・ロード、ハマースミス、ソーホーなどにあった。[*41]

フィッシュ・アンド・チップス業界における移民の重要性

第二次世界大戦後もユダヤ人はフィッシュ・アンド・チップス業界で一定の役割を果たしつづけるが、この頃には他の新しいエスニック・グループも業界に参入していた。[*42] イタリア人をはじめとする他のマイノリティも、第一次世界大戦前の業界草創期から現在に至るまで、特にウェールズとスコットランドで、フィッシュ・アンド・チップス店を営んできた。一九世紀末以来、フィッシュ・アンド・チップス店のオーナーの大多数はエスニック・マジョリティのメンバーだったかもしれないが、フィッシュ・アンド・チップスの商売に関する二つの代表的研究はともに、移民の重要性を認めている。

ジョン・ウォルトンは次のように指摘する。この料理は、

　単純な国民的連帯だけでなく、エスニックな多様性を表現していた。ロンドンで魚を揚げる生業が現れはじめた草創期には、イーストエンドのユダヤ人が大きな役割を果たし、世紀転換期

以降の業界では、特にスコットランドとアイルランドの都市部でイタリア人の存在感が増し、そして第二次世界大戦後の数十年間には、中国人とギリシア系キプロス人の重要性が高まっている。[*43]

同じくジェラルド・プリーストランドはこう主張する。

エスニック・マイノリティとの関わりは、フィッシュ・アンド・チップスの重要な側面である。揚げ物の仕事はつねに社会階層の最底辺に置かれたため、一番最近来た一番身分の低い者に受け継がれていった。一九世紀後半のロンドンのイーストエンドでは多くの大陸出身のユダヤ人がこの商売をしていた。その後、イタリア人がこの仕事に就いた。ニューカッスルやグラスゴー、エディンバラ、カーディフ、ダブリンには今日に至るまで、英語を話すイタリア人たちの居住区がある。第二次世界大戦が終わると、特にロンドンとコベントリーでキプロス人の参入が見られた。より最近では中国人と、そこまでの規模ではないが、インド人やパキスタン人のフライヤーが進出してきた。[*44]

プリーストランドは、フィッシュ・アンド・チップス業界における移民の存在ついて一応の説明はしているが、まだ十分とは言えない。だが、その理由の総目録を提示する前に、一定の役割を担ったさまざまなエスニック・グループについて考察しておきたい。

イタリア人店主たち

右の引用文が示しているように、イタリア人はこの料理を特にアイルランドとウェールズとスコットランドに広めた。しかし、その他のエスニック・グループも大きな役割を果たしていた。パット・オマラの回想によれば、一九一四年にイギリスがドイツに宣戦布告した日、彼は友だちとリヴァプールの「セント・ジェームス・ストリートで、「ギリシア人」のジョンがやっていたフィッシュ・アンド・チップス店にみんなで駆けつけた」[*45]。一九六〇年代以前の多くのフィッシュ・アンド・チップス店のオーナーたちがそうだったように、ジョンはキプロスの出身者だった可能性があるが、詳細は不明である。

一九四五年以前は（ユダヤ人に加え）イタリア人が、特にイギリスのケルト外辺〔イングランド地方に対して、アイルランド、スコットランド、ウェールズ地方の意〕で多かった。アイルランドの場合は、イタリア移民がフィッシュ・アンド・チップスの商売を確立させ、現在でも主導的な役割を担いつづけているように見える。同地に最初のフィッシュ・アンド・チップス店が誕生したのは、ローマからさほど遠くないラッチオ州カザラッティコ地方の六つの村出身の移民たちの努力の成果だった。かれらは最終的にダブリンに辿りついたわけだが、それまでにパリやスコットランド、さまざまな海辺のリゾート地を経由しており、そこでフィッシュ・アンド・チップスの商売を見聞したのだと考えられる[*46]。

ウェールズにおけるこの料理の普及にイタリア人が果たした役割については、かれらが小規模事業者として、特にその国の南部で、どういう役割を果たしていたかという文脈のなかで考えなければならない。一九三九年のあるイタリアの調査によれば、ウェールズにはイタリア人が経営していた店が三〇二軒あり、そのうち三四軒がフィッシュ・アンド・チップス店だった。最も多くの店を含むカテゴリーはカフェだった（一八七軒）。[*47] その一〇年ほど前の別の報告には、マーサー・ティドビルでは五二人のイタリア人が「フィッシュ・アンド・チップスとアイスクリームの商売をほとんど独占している」とある。[*48] ウェールズにおけるイタリア人の歴史に関する代表的な研究によれば、そのニューカマーたちは、パルマに程近い丘陵地の街バルディの出身だった。かれらは最初アイスクリームの行商として身を立て、冬季はチップスを売っていた。そのうちかれらの多くは十分な資金を貯めて店舗を構え、バルディからさらに移民を呼び寄せながら、事業を継続させていった。[*49] この報告は移民たちの進取の精神を物語っているとともに、同じ地域出身の人々が自分たちの同胞を真似たり、同胞に触発されたりしていたことを伝えている。これは二〇世紀イギリスの飲食業で働いた他のエスニック・グループにもみられたパターンである。

一九四五年以前についての現存するほとんどの情報は、スコットランドのイタリア人についてのものである。かれらはフィッシュ・アンド・チップス業界で大きな役割を果たすようになった。一九三〇年代には、スコットランドのフィッシュ・フライヤーの八〇パーセントがイタリアの出身者という状況になっていたようである。ウェールズにいたかれらの同国人の場合と同じく、かれらはある決まった地域の出身者だった。ここでも連鎖移民〔血縁や地縁を通じて同地域の出身者の移民が連鎖的に生じること〕のパターンが生じていたわけである。一八七〇年代に来た先駆者は、イタリア北部のルッカ県のバルガと、そこから南に約四〇〇キロ下ったところにあるピチニスコの出身者だった。それにエミリアから来た者たちが続いた。これまたウェールズの状況と同じであるが、こうしたニューカマーたちの一部が――元々田舎の出身だった――スコットランド全土でフィッシュ・アンド・チップス店やアイスクリーム・パーラーを開業した。マリー・コンティーニの父親がコッケンジーに開いた店のように、両方を売っていた場合もあった。[*50]

苦難と成功

スコットランドのイタリア人フライヤーに関するいずれの分析にも、二つのテーマが顕著に見て取れる。それらはフィッシュ・アンド・チップスの商売に携わってきた他の多くの移民たちにも当てはまるテーマである。一つめは偏見である。このためにしばしば暴力を、特に酔っ払いからの暴力を受けることになった。こうした偏見は、一九四〇年六月にムッソリーニがイギリスに宣戦布告した後、イギリス政府が兵役年齢にあるイタリア人男性の拘留を決めたことによって悪化した。当時十代だったダイアナ・コリエッツリは、彼女の父親を最後に見たときのことを述懐している。警察がやって来て、「魚とジャガイモを揚げるチップス店」にいた父親を逮捕し、「汚れた衣服を着たままの彼を連れ去った」。[*51]戦争が終わってもグラスゴーのフィッシュ・フライヤーの一部には敵意が残り、かれらはその業界にイタリア人が復帰することに反対した。[*52]

二つめのテーマは、一生懸命に働き（第二次世界大戦の経験はあったが）最終的には報われたという物語である。これは次のジョー・ピエリの文章に要約されている。

スコットランドにおけるイタリア人の歴史は、身分が低く恵まれない生い立ちの人々に何が成し遂げられるのかを語る物語である。かれらはわずかな教育しか、あるいは全く教育を受けていなかった。生まれ故郷では望めなかった未来を家族に与えるために、かれらは自己の精神

スコットランド南西部エアシアのイタリア人フライヤー（1920年代）

力と、生き抜いて豊かになるのだという決心だけを頼りにしたのであった。[*53]

同様にマリー・コンティーニの回想によれば、彼女の父親は「フィッシュ・アンド・チップスを揚げることで生計を立てていた」が、「彼はそれに全身全霊を捧げていた」。魚をおろす際に、彼は「いつも凍てつくような冷水で仕事をしていた」という。[*54] ピエリは彼自身の実体験にもとづいて書いている。彼の父親は一九二四年にグラスゴーに移住し、最初はクラウン・ストリートにあったイタリア人オーナーが営むフィッシュ・アンド・チップス店で働いた。その店主が一年間の帰郷を望んだため、ジョーの父フランチェスコ・ピエリが店を引き継ぐことになった。[*55] 一九三一年にはフランチェスコはグラスゴーの別のフィッシュ・アンド・チップス店「サヴォイ」を購入し、彼の息子の言によれば、努力と献身によってそれを街で屈指の店にした。一九六五年に父親が亡くなると、ジョーと兄のラルフは商売を継ぐことを選んだ。[*56]

キプロス人店主たち

ジョー・ピエリが語る物語に含まれるのは、移民の成功についての典型的な語りである。それがここではフィッシュ・アンド・チップスの商売という題材を通じて語られている。一九四五年以降もイタリア人は大きな役割を果たしつづけるが、新しいグループも頭角を現すようになった。なかでも特に目立ったグループのひとつが、ギリシア系のキプロス人だった。イタリア人の場合と同じく、イギリスのフィッシュ・アンド・チップス業界で働くギリシア系キプロス人のほとんどは田舎の出身者だった。ギリシア系キプロス人は飲食産業全般に広く携わっていた。一九六六年には、ロンドンにいたキプロス人の合計一九・六パーセントが自営業を営んでいた。その当時、イギリスの全人口に占める自営業者の割合は七・一パーセントだった。[*57]〔ギリシア系キプロス人の〕ニューカマーのなかには、特に一九七〇年代以降、ギリシア料理を目玉にしたレストランを開業した者がいたが、かれらはフィッシュ・アンド・チップス業界でも重要な役割を果たすようになった。飲食業界に移民が進出した際の多くの事例と同じく、ここでもエスニック集団ごとの雇用が進んだ。新来者は特定のセクターですでに働いている同国人の後を追いかけていったのである。飲食業界で働いたギリシア系キプロス人は大抵、イギリスに来た直後にその仕事に就いている。ここにはリスクをいとわないという強い姿勢がうかがえるだけでなく、自給自足への願望が反映されている。その願望は、一六世紀という昔からキプロスの圧倒的多数を占める農民たちのあいだでは、土地と家屋を所有することが規範とされ、「財産所有を権利であり目標であると捉える強固に発達したイデオロギー」をキプロス人が持つようになっていたことに由来するものだった。イングランドに移住した者たちは経済的理由で移住したわけであり、長時間働くこと、リスクを負うことをいとわなかった。[*58]

『ケリーズ商工人名録』から、ギリシア系キプロス人やその他の移民コミュニティが、フィッシュ・アンド・チップス業界でどの程度の役割を担っていたかの目安が得られる。一九五四年には、全部で約八〇〇軒列挙されているフライドフィッシュ店のなかに、ギリシア系の名前を一六、イタリア系の名前を二三確認することができる。この時期には、依然ユダヤ人も一定の役割を果たしていた。しかし、すべてのオーナーが自分の名前にちなんだ店名をつけたわけではなく、また自身の出身地を示唆する店名をつけるともかぎらないので、前述の数は移民の影響力を最も低く見積もった場合のものにすぎない。[*59] 一九七五年には、ロンドンのフライドフィッシュ店の数に大きな変動はないが、ギリシア系キプロス人が所有しているとはっきり分かる店が少なくとも一五〇軒、首都には存在するようになっていた。だが、この数字もまた実像を反映したものではない。ここにトルコ系キプロス人、中国人、イタリア人、他の外国出身者を加えるなら、この頃までに移民たちがフライドフィッシュ業界で大きな役割を担うようになっていたことは明白だと思われる。この傾向はその後も継続し、以降の数十年でさらなる多様化が進んだ。[*60]

エレフセリウー一家の例

レスターにあるグリムズビー・フィッシャリーを所有するエレフセリウー一家は、フィッシュ・アンド・チップス店を営むギリシア系キプロス人オーナーたちの好例である。父のコスタスは一九五〇年にイギリスに渡ってきて、当初はウェスト・ミッドランズのホーヴィス社〔イギリス大手の製粉・製パン会社〕で、次にバーミンガムのグランビー・ストリートにあったライオンズ・レストランで働いた。続いてキングストン・アポン・テムズにいた知人のもとでウェイターとして働き、その後コヴェントリーに移って「労働者向けのレストラン」を買い取った。一九六六年にレスターで最初のフィッシュ・アンド・チップス店を「あるイングランド人」から購入、その後グリムズビー・フィッシャリーを買った。コスタスの息子で、今は店の所有権の一部を持っているレフテリスは、以前のイングランド人オーナーと彼の一家との労働倫理の違いをこう説明している。

かつてのオーナーは六時から七時まで休憩のために店を閉めていました……一時間休憩をとるために閉店中のお知らせを出していました……彼は月曜日には決して店を開けませんでした。土曜はやっていました。ランチタイムの後は店を閉めていて……お分かりでしょうが、よく休んでいたのです。

対照的に彼の両親はかつて「キプロスの厳しい条件のもとで」働いていた。「たとえば、私の父は農作業をしていました」。イングランドでフィッシュ・アンド・チップス店を経営するのは「難しいことでしたが、両親が向こうでしていた仕事に比べれば、ずっと楽でした[*61]」。

数世代にわたる家族経営

エレフセリウー一家は、数々の成功したギリシア系キプロス人経営のフィッシュ・アンド・チップス店の典型例であり、イタリア人と同じく、ギリシア系キプロス人は大抵、兄弟や数世代の人間が関わる家族経営の事業を築いてきたという事実に目を向けさせてくれる。コスタス・ムボウシャによれば、彼はマンチェスターで両親が営んでいたチップス店で一一歳から働き、学校を出たら外

レスター、オードビーのコスタス。創業したのはギリシア系キプロス人の家族だったが、現在はシク教徒の家族が所有している（2013年）

食業を手掛けたいと思うようになり、やがてマンチェスターとその郊外にある二軒の「伝統的なイングランド風のフィッシュ・アンド・チップス店」を開いたのだった。[*62] 同様にモイシス・アダモウは、一九六二年に事業を買い取って以来、「南ロンドンのマーロウ・フィッシュ・バーでフィッシュ・アンド・チップスを売り続けて五〇年間」の節目を迎えたことを〔二〇一二年に〕祝っている。[*63] キプロス出身のフライヤーのなかでも屈指の有名人であるマーク・ペトルーは、兄とともに父親の跡を継ぎ、ついに二〇〇六年、NFFFが主催するナショナル・フィッシュ・アンド・チップス・ショップ・オブ・ザ・イヤー・アワードを受賞した。彼の父スタヴロスは、イギリスに定住して六年が経った一九六九年に、最初はロンドンのシェパーズ・ブッシュで事業を始めたが、その後ケンブリッジシャー州のラムジーに家族で移り、その地で店を開いた。これはギリシア系キプロス人のコミュニティのあいだでよく見られるパターンだった。ギリシア系キプロス人はロンドンに集住していたが、しばしば首都を離れ、他地域にあるフィッシュ・アンド・チップス店や他の飲食店を継承した。ペトルー兄弟も父が引退したときに、今はケンブリッジシャー州のチャタリスにあるその店を引き継いだのだった。[*64] 一九九八年にNFFF（圧倒的に「アングロ・サクソン」優位のヒエラルキーを持つ団体）で最初のキプロス系の会長になったマイケル・ピリは、一九四三年にロンドンでギリシア系キプロス人の両親のもとに生まれた。同年、一家はバーミンガムに引っ越し、フィッシュ・アンド・チップス店を開業する。マイケルは一九六〇年に家業に入り、一九九〇年までミッドランドで数軒の店を経営し、その後は他のフライヤーのためのコンサルタントになった。[*65]

中国人店主たち

中国人は、一九四五年以降にかなりの数でこの業界に進出したもうひとつの移民グループである。総じて飲食業に携わり、家族経営を行うことが多かったという意味で、かれらはキプロス人やイタリア人と似たパターンを歩んでいる。「チャイニーズ・チッピー（中国系が営むフィッシュ・アンド・チップス店）」の増加は、一九五〇年代後半から一九六〇年代前半に、イギリスへの中国系の移民が増加したという背景のなかで考えなければならない。ニューカマーのほとんどは、一九五〇年代後半から急成長し、拡大した中国料理のレストラン業界で働くために来ていた。「チャイニーズ・チッピー」、特に北部で発展したそれは、中国人が買い取った元フィッシュ・アンド・チップス店で、フィッシュ・アンド・チップス以外にも中国料理のファストフードをはじめとする幅広い食べものを提供した。一九八四年には北西部だけでもこうした店が五〇〇軒あり、さらにイギリス全土でみれば、この頃には七〇〇〇軒もの中国料理レストランが存在していた。[*66]

中国人経営のフィッシュ・アンド・チップス店はイギリスの他の地域にも存在した。ブリストルのデヴィッド・ウォンが所有した店もそのひとつで、彼は他地域の例に倣い、フィッシュ・アンド・チップスだけでなく中国料理も売っていた。この店の場合、設立者のデヴィッドの祖父は、一九四六年に店を買い取った当初はただのフィッシュ・アンド・チップス店として経営し、一九七〇年代初頭になってはじめて、地元民の需要に応えるかたちで中国料理を出すようになった。[*67]

他の移民グループが経験したような人種的敵意が、中国人フライヤーにも向けられていたことが資料から分かる。中国人は新たな持ち帰り料理の文化と結びつけられ、一九六〇年代以降フィッシュ・アンド・チップス業界の生き残りに対する大きな脅威とみなされた。一九七六年の『フィッシュ・トレーダー』誌には、「中国人が進軍」や「中国系の店がフライヤーに脅威をもたらす」と題された記事が掲載された。[*68] NFFFも一九六〇年代から、中国人や他の移民グループに向けられた敵意を意識するようになっていたようで、『フィッシュ・フライヤーズ・レヴュー』誌を通じて、「移民に寛大に」なるよう会員に求める努力を行った。[*69] また、一九八九年の『フィッシュ・フライヤー・レヴュー』誌は、「あるチャイニーズ・チップ・ショップより」届いたとされる一連の投書を掲載しており、この特定のエスニック・グループの見解を伝えている。[*70]

ここ数十年で他のマイノリティのメンバーも業界に参入してきた。たとえば、南アジア系がそうである。かれらの活躍は、ザラール・グルバハールやゾヘブ・フセインといった名前のオーナーの存在や、動物性油脂ではなく植物油で調理したハラル対応のフィッシュ・アンド・チップスの発展にはっきりと見て取れる。[*71] 最も有名な南アジア系の店といえば、映画『ぼくの国、パパの国』（ダミアン・オドネル監督、一九九九年）に登場する架空の店だろう。その店を所有するのは、ローマ・カ

ブリストルのチャイニーズ・チッピー（1974年）

トリック教徒のアイルランド系イギリス人女性と結婚したパキスタン移民のザヒア・「ジョージ」・カーンである。複数の人種的背景を持つかれらの子どもたちが両親たちとともに、サルフォードにあるその家族経営の店で働いている。面白いことに、フランスで公開された際、同作のタイトルは『フィッシュ・アンド・チップス』に変更された。二つの文化のあいだで生きることに伴うさまざまな問題を扱っている映画のテーマは、フィッシュ・アンド・チップスのエスニックな複雑性を見事に暗示している。

4　フィッシュ・アンド・チップス店という坩堝《るつぼ》

異文化間接触の拠点

イギリスに来てフィッシュ・アンド・チップス店を経営した移民たちは、多くの点で、労働者階級出身のイギリス人たちが、特に二〇世紀初頭に歩んだ道を辿っていた。その先達たちは自分たちの店のことを、比較的少ない費用で安定的な収入と社会的な移動――特に世代を越える移動――の機会が得られる商売だと考えていた。金を稼ぎたいと思っていただけでなく、イギリス社会のなかで主流を占める仕事に割って入ることに難しさを覚えていた移民たちにとって、フィッシュ・アンド・チップス店は、自営業者になることができる道のひとつだった。[*72] 前節で引用した物語のほとんどはサクセス・ストーリーだったが、移民としての背景を持つ小規模の商売人には失敗を経験したものもいる。[*73] なかでも、インド料理のレストランを開いた者たちはそうだった。一九五〇年代以降のフィッシュ・アンド・チップス店の数の減少をみれば明らかだが、この業界の一部の人々は、移民も含め、廃業を経験してきたはずなのである。

フィッシュ・アンド・チップス店を異文化間接触の拠点とみなすことができる。そこでエスニック・マジョリティ（それから他のエスニック・グループ）に属するメンバーたちは、二〇世紀が進むにつれて次第に「イギリスらしさ」の象徴となった食品を買っている。また、移民たちが成功の社会移動を示す場所として、フィッシュ・アンド・チップス店を見ることもできるかもしれない。それに対して、マジョリティの住民たちは、特に二〇世紀前半のスコットランドでそうだったように、自分たちの階級的役割に囚われたままであった。同時にそうした店は移民たちにイギリスの主流社会に参入する道を与えている。だからこそ多くの場合、かれらの子どもたち、そして孫たちまでも、その商売を続けているのである。

その料理の起源も、フィッシュ・アンド・チップス店が異文化間接触の場であることを示している。フライドポテトの登場についてはさまざまな説が存在するが、衣をつけて揚げる魚は、主流社会に取り入れられる以前から、ユダヤ人たちのあいだで人気だったことに議論の余地はなさそうである。二〇世紀のイギリス史を通じてユダヤ文化が、ユダヤ移民たちと同じように、周縁から中心に移動し、イギリス社会に溶け込んできたことを象徴するものとして、フライドフィッシュを見ることができる。それゆえその料理は、今では「イギリスらしさ」を示す至上の象徴になっているが、さまざまな移民グループと結びついているのである。

第5章　フィッシュ・アンド・チップスの意味

フィッシュ・アンド・チップスは一九世紀にイギリス料理として誕生し、二〇世紀の後半には、ローストビーフさえも押しのけて、ナショナル・アイデンティティを象徴する食べものになった。かつてはユダヤ人の食べものであるとして（これはフライドフィッシュの部分にのみ関わる事柄だが）、その後は貧民の食べものであるとして、社会の隅に追いやられていたフィッシュ・アンド・チップスは、一〇〇年以上の時間をかけて中心まで移動してきたのである。だが、民族的・国民的・社会的アイデンティティに着目することは、この料理を理解する方法のひとつにすぎない。これ以外にもいろいろな捉え方ができる。

1　食の歴史と遺産

ジャガイモと生魚の大衆化

まずフィッシュ・アンド・チップスを、イギリスの食の歴史のなかに位置づけることができる。この観点から見れば、フィッシュ・アンド・チップスの誕生は、ジャガイモと生魚という二つの新しい食品があらゆる人々の手に届くものになったことに関連して生じた食生活の大きな変化の一部であった。ジャガイモの人気が高まったのは、一九世紀前半に起きた穀物価格の上昇が原因だった。このためジャガイモを常食にすることが、アイルランドやイングランド北西部——こうした地域では痩せた土壌のために小麦栽培が難しかった——で一般的になっただけでなく、イギリス諸島の他の地域でも急速に広がったのである。これに加え、鉄道の発達という極めて重要な出来事にも言及する必要がある。鉄道は工業化の産物であると同時に、それ自体がさらなる経済成長の推進力だった。鉄道の登場は革命的だった。ある経済史家の言葉を借りれば、それは「主導部門《リーディング・セクター》」*1となった。鉄道は石炭と鉄鋼の需要を生み出し、両産業の成長をさらに促進したからである。さらに鉄道の発達によって、市場との距離が縮まるという大きな便益がもたらされた。かつては輸送に数日を要していた製品が、ものの数時間で到着するようになったのである。このように考えてはじめて、フライドフィッシュの普及を理解することができる。魚は、イギリス人の大多数にとって、何世紀ものあいだ干物や保存食のかたちでしか口にできなかった食べものであったが、今や生のまま揚げて食べることができるものになったのである。イギリスが早期に工業化を遂げたこと、そして島国という地理的特性——鉄道の登場によって国中のあらゆる地点は港から数時間の距離になった——が大きな要因となって、イギリスではヨーロッパのどの地域よりも、生の魚を揚げて食べる習慣が広がったのである。

ジョン・ウォルトンが力説するように、二〇世紀初頭にはフィッシュ・アンド・チップスは労働者階級の常食として非常に重要なものとなっていた。多くの中産階級の論評者たちはフィッシュ・アンド・チップスのことを見下し、今も見下しつづけている。しかしながら、誕生当初にはまれに食中毒が発生し、またここ数十年には揚げ物をめぐって健康上の懸念が持ち上がってはいるが、フィッシュ・アンド・チップスには常に栄養面での利点があったのである。労働者階級の健康を増進した、とまで言うと言いすぎかもしれないが、それは間違いなくかれらの食生活を向上させ、人口の大半が肉体労働に従事していた時代において、ビタミンとカロリーとタンパク質の供給源となっていたのである。中産階級はこうした食生活向上という側面を全く無視し、貧しい人々がフィッシュ・アンド・チップスを食べていることの背景に、かれらの無秩序な生活の他の側面を垣間見ることばかりに専心していた、とウォルトンは強調している。[*2]

食遺産の貧しさ

だが、こうしたステレオタイプはイギリスの中産階級のせいばかりにできない。というのは、フィッシュ・アンド・チップスはイギリスの食遺産の貧しさの象徴にもなってしまっているからである。ヨーロッパやアジアから到来した新しい食べものへの反発もあり、ここ数十年のあいだにイギリス料理を誇ろうという機運が高まっている。そうしたなか、イギリスの食べものについて文章を書く者たちは概して、フィッシュ・アンド・チップスを持ち上げてきた。しかしながら、シェフたちがどんなに飾り立てようとも（ヘストン・ブラメンタールのように奇抜な手法を用いたとしても）、それが油とジャガイモ、魚、小麦粉、水という五つの材料しか必要としない単純な料理であることに変わりはないのである。いずれにせよ、近所の持ち帰り店がもっと美味しいフィッシュ・アンド・チップスを作っているというのに、家庭で大量の油を使ってまで、わざわざそれを作ることにあまり意味はないだろう。グローバルな文脈においては、フィッシュ・アンド・チップスはイギリス料理の貧しさを象徴するものになっている。特にイギリスに最も近い隣国フランスの食遺産と比べると、その貧しさがより際立つ。二〇〇五年、フランス大統領ジャック・シラクは、イギリスの食べものよりひどいのはフィンランドのものぐらいだと述べた。[*3] イギリスの著述家たちだけでなく、フィッシュ・アンド・チップス業界も、その料理に「イギリスらしさ」の象徴という積極的な意味を持たせようと努めてきたかもしれないが、世界規模で見れば、それはイギリス料理の貧しさの象徴にもなってしまったのである。

2　持ち帰り料理

労働者階級を支えた食文化

昔から流布しているフィッシュ・アンド・チップスに関するステレオタイプのひとつに、それは料理ができない、あるいは料理をしたがらないというイギリス人——とりわけ労働者階級——の特性を象徴しているという見方がある。ウォルトンは、この食べものはどこでも簡単に買えるために、家庭で調理する食べものの代わりの役目を果たしたと解釈している。それは労働者階級の共働き家庭にとって時間の節約になっただけでなく、料理の材料を購入するのと変わらないほど安上がりだったのである。[*4]

　フィッシュ・アンド・チップスはイギリスにおける持ち帰り料理の草分けであり、他の持ち帰り料理にとっての模範になった。しかし、フィッシュ・アンド・チップスは、イギリス人が買った最初の調理済みの食べものだったわけではない。ヘンリー・メイヒューが示してくれたように、当時のロンドンの路上ではフライドフィッシュのほかにも、たとえばベイクドポテトやサンドウィッチ、温かいエンドウ豆スープ《ホット・ピー》が買えたのだった。それらはストリートフードの域を出ることがなかった。それらとは違い、フィッシュ・アンド・チップスの商売は、新たな趨勢を生み出したのである。というのは、フィッシュ・アンド・チップスを食べようと思った人々は、二〇世紀初頭にはそれを専門の店で買うようになり、その後一九二〇年代から三〇年代になると次第にレストランで買うようになったからである。ストリートフードがイギリスから消えてしまったわけではない。だが、フィッシュ・アンド・チップスを売る店舗やレストランの成長は、ストリートフードの固定店舗化という流れを典型的に示している。この結果、メイヒューが描いたような行商人たちを見かけることはめったになくなっている。

　こうした展開の説明として、さまざまな要因を挙げることができる。一つは、長屋形式の住宅《テラスド・ハウジング》を基礎として、確固とした労働者階級の居住区域が発展したことである。ヴィクトリア朝後期からエドワード朝にかけて、そうした区域がイギリス全土の都市部に出現した。そこに住む労働者たちは、一九世紀前半に工業化が始まった頃の労働者とは違った。メイヒューやフレデリック・エンゲルスといった評論家たちが、ロンドンやマンチェスターで描いたような、新参者で、大抵は流れ者だった労働者とは違ったのである。[*5] ヴィクトリア朝後期からエドワード朝期のイギリス人はいまだ相対的貧困のなかで生きていたが、長屋形式《テラスド・ハウジング》の住宅が増加したおかげで、住居の面では以前より安定的になった。[*6] この安定性こそ、第一次世界大戦の前後の数十年間に、特定の場所に拠点を定めたフィッシュ・アンド・チップス店が次々と生まれる背景になった。なぜなら、そうすることによって、商売人たちはある程度の固定客をあてにできるようになったからである。都市部で生活していた人々は、家のすぐ近くで調理済みの食べものを買えるようになったので、夕食を用意する必要がなかったのである。

この傾向は現在でも続いている。ジョアンナ・ブリスマンの指摘によれば、二〇〇三年中に「イギリス人が食べた出来合いの食品は、残りのヨーロッパの地域を全部合わせたよりも多かった」。[*7] 持ち帰り専門店がどこにでもあるため、イギリス人は出来合いの食品をオーブンや電子レンジで温めるという程度の手間さえかける必要がないのである。ブリスマンの著作には、二〇世紀初頭の一部の評論家を彷彿とさせるところがある。ウォルトンが引用していた、労働者階級が料理できないことについて不平を述べていた評論家たちのことを。以上が、一九世紀末におけるフィッシュ・アンド・チップスの発展を説明する要因のひとつである。

起源への無関心

工業化が急速だったことも一因だった。このために、イギリス人はたとえばフランス人と違って、自分たちの出身地とのつながりを失い、特定の食べものの産地を重視する「テロワール」といった発想を生み出すことがなかった。[*8] 一九四五年以降、フィッシュ・アンド・チップスは国民食であるとの考えが形成されてきたが、ウォルトンの研究が明らかにしているように、一九二〇年代には実際上それはすでに国民食になっていたのである。他の誰かが作ってくれている、安くて栄養価も高く美味しい食べものを買うことができるというのに、自分たちが食べるものの出所を気にするような必要が、イギリス人にあっただろうか？　料理に時間をかけなければならない理由が、かれらにあっただろうか？

フィッシュ・アンド・チップスは、イギリス人の食品消費に二〇世紀の後半まで続くいくつかの傾向を作り出した。食べものの起源、その食べものの素材の起源にすら関心を払わないという傾向はそのうちのひとつである。また、フィッシュ・アンド・チップス店を、持ち帰り専門店、すなわち固定的な店舗を構え、安価な調理済みの食べものを売る商売の草分けとして捉える必要がある。こうした店は一九五〇年代以降に新たな展開を見せていくことになった。一部のフライヤーたちが持ち帰り専門の中国料理店に敵意を露にしたのは、同じ顧客層に向けて安い調理済みの食べものを提供するというフライヤーたちが最初に確立したパターンを、こうした店が踏襲していたからにほかならない。中国料理やインド料理の持ち帰り専門店だけでなく、キプロス人やトルコ人が経営するケバブ店――大抵はフィッシュ・アンド・チップスの販売も合わせて行っている――も、一九世紀末にフィッシュ・アンド・チップス業界が確立したパターンを踏襲しているのである。こうした店はすべて、安い調理済みの食べものを提供している。それを買う人々は味については多少関心を持つかもしれないが、自分たちが食べるものの起源については、おそらく関心を持たないだろう。持ち帰り専門店も、それから発展したレストランも、出しているものがフィッシュ・アンド・チップスであろうが、中国料理であろうが、インド料理であろうが、形式張らない食事場所であることに変わりはない。それらは、多くの労働者階級の人々が息苦しさを感じ、値段が高すぎると考える高級レストランとは対照的な場所なのである。

個人経営店の存続

またフィッシュ・アンド・チップスは、後発の他の持ち帰り料理と同じく、事業を始めたいと望む者たちにとっての商機でもあった。最初ウォルトンが強調し、また第2章で引用した多くの新聞記事も強調していたように、限られた資金しか持たなかった多くの人々が、店舗を購入することによって経済的安定と社会的移動を経験できたのである。こうした店の所有者たちは多くの場合、(朝の買い出しと、魚とジャガイモの下ごしらえに始まり、夕方の販売と掃除まで)長時間働いたが、多額の資金を用意する必要はなかった。

フィッシュ・アンド・チップス店が、わずかな従業員のみの小規模店のまま変わらなかった主な理由は、家族経営の事業として続けられてきたことだった。そこでは妻や子どもが中心的な役割を担ってきた。多くの場合、父親たちは事業を子どもたちに譲り渡していった。事業が数世代にわたって継承されることもあった。こうした慣習は二〇世紀初頭に始まり、現在も続いている。フィッシュ・アンド・チップス店は、わずかな資金しか持たないが、野心に溢れた労働者階級や下位中産階級出身の者たちに機会を提供しただけでなく、移民たち——ユダヤ人であれ、イタリア人であれ、キプロス人であれ、中国人であれ——にビジネスで成功するチャンスを与えた。そのために卓越した調理技術を身につける必要はなかった。とはいえ、一九四五年以前は他のフィッシュ・アンド・

チップス店との競争があり、一九五〇年代以降は他の持ち帰り専門店も相手にしなければならなかったため、店を繁盛させようと思うなら、フライヤーたちは質の高い食べものを提供して、絶えず顧客を満足させつづけなければならなかった。こうした点についても、エスニシティを前面に出した料理を売る持ち帰り店のオーナーたちは、フィッシュ・アンド・チップス店が作った雛形に従っていた。というのも、中国料理やイタリア料理の持ち帰り店のオーナーたちは、何らかの卓越した調理技術を持っていたからではなく、主として経済的な理由から店を開いていたからである。そうしたレストランの多くは、近親者以外の料理人やウェイターを雇うこともあったが、規模を大きくすることはせず、冷凍野菜や工場畜産の肉類といった可能なかぎり安い素材を使って料理を作っていた。

多くのフィッシュ・アンド・チップス店のオーナーとその家族が社会移動を経験したことは事実だが、過去五〇年間にイギリスのフィッシュ・アンド・チップス店が減少してきたことを考えれば、倒産の憂き目にあった者もいたことは明らかだろう。それは後発の中国料理やインド料理の持ち帰り店についても同様だった。独立自営のフィッシュ・アンド・チップス店、ひいては独立自営の持ち帰り専門店全般が生き残っているということ、これは多くの点で、イギリスにおけるフィッシュ・アンド・チップスの歴史のなかでも特に驚きに値する事柄である。イギリスの雇用者としての大企業の支配はますます強まっており、飲食業についてもハンバーガーやフライドチキン、フィッシュ・アンド・チップス、ピザを売る大手チェーンがいくつも存在している。にもかかわらず、フィッシュ・アンド・チップスは多くの場合、中国料理やインド料理の持ち帰り専門店やケバブ店と同じように、個人経営の店として生き残っているのである。その味が世代を越えて愛されつづけていることや、フィッシュ・アンド・チップスが質は高く価格は安いリアルフードの代表的存在であることなどが、その理由として挙げられるかもしれない。同時に、一九二〇年代以降、フィッシュ・アンド・チップス店が次第に多様化し、エンドウ豆に始まり、パイや、フライドチキン、ケバブとメニューを多様化させてきた。また、多国籍企業は大規模な店舗展開をする傾向にあるため、大都市でも小さな街でも、イギリスのあらゆる地域のあらゆる商店通りにまで侵入してきたわけではなかった。それゆえ、個人経営の持ち帰り専門店が生きていく余地は残っていたのである。フィッシュ・アンド・チップス店、ひいては持ち帰り専門店全般が存続している事実からは、イギリスでは、移民のあいだにも、元来の住民のあいだにも、進取の精神が今なお健在であるということが分かる。フィッシュ・アンド・チップス店ほど見事に、一世紀以上にわたってイギリスで小規模事業が生き残っている事実を象徴しているものは、おそらく他にないだろう。

3　イギリスらしさ

現実

フィッシュ・アンド・チップスがイギリス生まれのものではあるが、その「イギリスらしさ」をめぐる現実とマーケティングのもつれを解きほぐす必要がある。現実の点から言えば、起源はどうであれ、一九世紀末以来それは基本的にイギリスのなかで、特に労働者階級のコミュニティのあいだで食べられてきたという意味で、ずっと「イギリスらしい」ものであったことに議論の余地はないだろう。地中海沿岸地域や旧イギリス植民地やアメリカにフィッシュ・アンド・チップス店があることからも分かるように、多少のグローバル化は起きた。しかし、こういった地域はそれぞれイギリスと関わりを持っている。地中海沿岸地域では、フィッシュ・アンド・チップスはイギリス人の長期滞在者や休暇を過ごしに来たイギリス人に向けて故郷の味として提供されている。また、カナダ、南アフリカ、オーストラリアに出来たフィッシュ・アンド・チップス店の多くは、イギリス出身の移民が開いたものだった。

神話

アメリカに目を向ければ、「イギリスらしさ」の神話が機能していることが分かる。すでに見たように、第二次世界大戦の終結以降、グローバル化と国際移住の増加とマーケティングの結果として、あらゆる食べものにエスニック・アイデンティティが付与されるようになった。フィッシュ・アンド・チップスがエスニシティの境界線に沿ったかたちで「イギリス人」の料理と認定されるようになったのは、イギリスの新聞や、フィッシュ・アンド・チップス業界と料理本の著者がそうなるよう尽力した結果でもある。しかし、そうした「イギリスらしさ」の強調は国際的な規模で行われていた。フィッシュ・アンド・チップスが独自のアイデンティティを持っていたとしても、数々の移民の波によって形成され、エスニシティごとに区分されたアメリカの食市場のなかでは得られる場所は一つしかなかったのである。[*9] 先に挙げた『ニューヨーク・タイムズ』紙からの引用にはっきり見られたように、こうした「イギリスらしさ」の強調は、戯画的に描かれたイギリス人がフィッシュ・アンド・チップスを食べるといった、非常に単純化されたかたちで行われていた。ハリー・ラムズデンズのフランチャイズがグローバル展開に乗り出した際にも、同様のステレオタイプが使われた。ヴィクトリア朝ロンドンで「フィッシュ」と「チップス」が結婚し、フィッシュ・アンド・チップスとしてイギリス国内で発展してきた一世紀のあいだ、そのアイデンティティが意識されることは特になかったように思われる。しかし、イギリスに入ってきた外国の食べものとの遭遇や、世界進出に際して、それを売り出していた者たちは、確実な生き残りのために、その「イギリスらしさ」を強調しなければならないと考えるようになったのである。

4　移民

食文化の移転

フィッシュ・アンド・チップスは、過去二世紀にわたるイギリスへの移民の影響と重要性、性質の変化を象徴するものでもある。チップスが外国発祥の食べものであることを示す決定的な証拠はなく、フランス、イギリス、ベルギーといったヨーロッパの複数の地点でジャガイモを揚げる料理法が同時期に発展したこともありえる。移民を通じて何らかの文化移転が起こった可能性も考えられるが、これを立証する証拠はまだ見つかってはいない。

他方、衣をつけて揚げた魚は、ヴィクトリア朝時代の史料が示すように、ユダヤ人がもたらしたものだった。反ユダヤ主義者たちはそれを食べること、そして食べたあとのことについて、においの点から否定的な見方をした。それに対してユダヤ人の作家たちは——料理本を書いていた者も、文芸作品を書いていた者も——、イズレイル・ザングウィルの『ゲットーの子どもたち』に非常にはっきりと見て取れるように、肯定的にフライドフィッシュについて書いた。ザングウィルはイスラエル建国の半世紀以上前、このコミュニティが離散の歴史の渦中にあった時期に、フライドフィッシュをユダヤ人の民族食《ナショナル・フード》とみなしていた。[*10] ヴィクトリア朝初期のどこかの段階で、ユダヤ教徒以外のマジョリティがユダヤ人の食べものを食べはじめるという文化移転が間違いなく起きたわけである。[*11] おそらくそれ以前、ユダヤ人以外で、ハナー・グラスが紹介したような冷たいフライドフィッシュを食べたことがあった人は（とりわけ貧民のなかには）ほとんどいなかったであろう。それゆえ、この文化移転のプロセスにおいては鉄道と生魚の登場が重要な役割を果たしたと考えられる。新たな輸送手段によって、あらゆる人々が生の魚を揚げた温かいフライドフィッシュを食べることができるようになったのである。ロンドンにおいて魚に衣をつけて揚げる調理が行われていたことが読み取れる最初期の記録は、ユダヤ人に関わるものである。だが、ヘンリー・メイヒューの記述から明らかなように、一八四〇年代から一八五〇年代にかけて、ユダヤ人以外の人々も魚を揚げて食べるようになった。生魚が手に入るようになったことが、この文化移転が起きる大きな要因だった。また、ユダヤ人が魚を揚げる様子を描いたヴィクトリア朝時代のいくつかの記録が示しているように、味という要因も無視できないものだった。

さらなる多様化

このように一九世紀のイギリスで魚の衣揚げ《バタードフィッシュ》が食べられるようになったのは、ユダヤ人の貢献によるところが大きいのである。それゆえ、フィッシュ・アンド・チップスは起源の点で移民の食べものと見なすことができる。それは、二〇世紀後半までのイギリスで、屈指の影響力を持ったエスニック・グループによってもたらされたものなのである。この料理の普及にも新来の移民たちが密接に関わっていた。フィッシュ・アンド・チップス店のオーナーたちの顔ぶれにはイギリスの移民史が反映されていた。イギリスにあった店のほとんどを所有していたのはエスニック・マジョリティのメンバーだったが、この業界にはつねに新来の移民たちの参入がみられた。イタリア人オーナーの存在の背景には、この移民グループが第一次世界大戦以前の数十年間にイギリスに渡ってきたという歴史があり、ギリシア系キプロス人と中国人の業界参入は、この二つの移民グループが一九四五年以降にイギリスに到来したという動向を踏まえている。*12

最後にもう一点。フィッシュ・アンド・チップスはユダヤ人によってもたらされたという事実を認めることにより、一九五〇年代以降、ある一つのパターンが確立されてきたことを認識できるようになる。フライドフィッシュがユダヤ人の食べものからエスニック・マジョリティに受容される食べものに変わったのと同じような文化移転のプロセスを経て、一九四〇年代以降のイギリスでは中国料理やカレーの受容が促進されてきたのだった。この受容のプロセスの一環として、イギリス人の嗜好に合わせるための変化も起こった。イギリスで売られている中国料理は中国で食べられているものとは異なっている。また「イギリスの」カレーは、植民地インドにいたイギリス人が食べていたものが元になっており、帝国の終焉後、帰国してきた在印イギリス人《アングロ・インディアン》たちや新来のインド移民たちとともに、本国にもたらされたものだった。*13 フライドフィッシュは、このような一連の流れをつくったさきがけだったのである。フィッシュ・アンド・チップスはかつて反ユダヤ主義的なステレオタイプを体現したかもしれない。しかし、それはユダヤ人の食べものから貧民の食べものに、最後にはイギリス人の食べものへと変化したのだった。それゆえフィッシュ・アンド・チップスは、そうしたステレオタイプを解体する道筋を示してもいるのである。

謝辞

本書のための研究調査を助成して下さったデ・モントフォート大学歴史研究委員会ならびにスコウロウディ財団に厚く御礼申し上げます。おかげさまで、セント・パンクラスとコリンダールにある大英図書館、リーズにある全国フィッシュ・フライヤーズ連盟で調査を行うことができました。トニー・クシュナー教授、ピーター・アトキンス教授、ピーター・ショリアーズ教授のお力添えにも感謝いたします。最後になりますが、全国フィッシュ・フライヤーズ連盟の職員の皆様に感謝を申し上げます。とりわけデニス・ドッド事務局長とジョー・ヴァーリー氏には、著者が二〇一三年五月に同連盟本部を訪問した際、大変お世話になりました。お二人のおかげで著者の滞在は愉快で、実り多く、興味にあふれ、そして（フライヤー向けのトレーニング・コースの日に訪問させていただいた時には）美味いものになりました。

図版に関する謝辞

著者および出版社は、本書掲載の図版を提供して下さった、あるいは本書への再録を許可して下さった次の方々に、心より感謝を申し上げます（敬称略）。

レン・ディー、ドリーン・ディー夫妻　一二八頁
全国フィッシュ・フライヤーズ連盟（ＮＦＦＦ）　一五、九一、一二二、一二三、一七七頁
カレン・オレリー　一三七頁
パニコス・パナイー　三、五二、七〇、八六、九四、九七、一〇七、一一一、一三一、一三五、一三八、一五八、一七四頁
レックス・フィーチャーズ　一一九頁
マーク・サンデル　一二七頁
デレク・ワード　二七頁
ヴィクトリアン・ウェブ　一〇六、一五七頁（画像のスキャンはジャクリーン・バナジーによる）

訳者あとがき

一時期イギリスで生活したことがあると人に話すと、時折「食べものが美味しくないと言いますから大変だったでしょう？」などと同情と揶揄がまじった質問を受けることがある。別段イギリスの食文化を擁護する義理はないのだが、自身の経験と感覚には正直でありたいと思い、毎度「そんなことはなかった」と答えている。それで済まない場合は、逆にこう聞くことにしている。「ローストビーフやサンドウィッチはお嫌いですか？」。近代以降、日本の食生活に組み込まれ、長年愛好されてきたイギリス伝来の料理は少なくない。このことからでも、日英の味覚には地続きの部分があると言えるのではないか、といった趣旨のことを話してみる。だが、なかにはそれで引き下がってくれない強情な相手もいて、あるとき「そういうものも日本で食べた方がおいしいでしょ？」と食い下がられた。こうなると実は先方はイギリスなどに興味はなく、他国の食文化を否定することで、何らかの優越感を得ることが目的なのだと分かるのだが、そのときはこう続けてみた。「ロンドンで食べる飲茶やカレーは日本よりおいしいと思いますし、ジャマイカとかレバノンとか日本ではなかなか出会えない地域の料理も食べられますから、食は豊かですよ」。すると相手は次のように反論したのである。「でも、それって移民の食べもので、別にイギリス料理じゃないですよね？」。この発言には「移民」という外来の要素と明確に区分されうる純粋無垢な「イギリス」（あるいは「日本」）の食文化が存在するという発想（というより願望）が透けて見える。しかし、そんなものを想定することが果たして可能なのだろうか？

今日のイギリスの食について、グローバル化の産物としてイギリスにもたらされた異国の食材や調理技法、そして移民たちの文化的・経済的・社会的貢献を抜きに語ることなどできない。本書『フィッシュ・アンド・チップスの歴史』の著者パニコス・パナイーならそう答えるだろう。そもそも食文化を国籍《ナショナリティ》やエスニシティといった単位で区分するという発想自体、外来の食文化の流入に対するナショナリスティックな反作用として比較的最近、後付け的に生み出されたものである、とも。イギリスのレスターにあるデ・モントフォート大学で教鞭を取るパナイーは、ドイツ系をはじめイギリスに渡ってきた数多くの移民の歴史、イギリスにおける人種差別主義、第一次世界大戦史と幅広い分野に及ぶ研究を行っている。近年は移民と食文化の関係に焦点を当てた歴史研究に力を入れ、本書中でも言及される『スパイシング・アップ・ブリテン』（二〇〇八年）では、ドイツ系、イタリア系、ギリシア系、中国系、インド系といったさまざまな移民集団がイギリスの食習慣に与えてきた影響と、それぞれの移民集団がイギリス社会に「適応」していくなかでその食文化を変容させてきた過程を詳しく考察している。

本書においてもパナイーは、フィッシュ・アンド・チップスという特定の料理の起源と発展、そしてそれがイギリス社会で「国民食」として広範な人気を獲得していく経緯を辿りながら、やはりイギリスの食文化に対するさまざまな移民集団の貢献と、かれらが――場合によっては数世代にわたる時間をかけて――「ホスト社会」で地歩を築き、社会上昇を果たしてきた歴史を詳述している。パナイーによれば、フィッシュ・アンド・チップスの「フィッシュ」の部分、すなわちタラやカレイといった白身魚の衣揚げはユダヤ移民の食文化に由来する。他方、拍子木型に切ったジャガイモを油で揚げた「チップス」については、決定的な証拠はないとしながらも、フランスから伝わってきた可能性が濃厚であると論じている。また二〇世紀以降、イギリスの労働者の食生活を支えたフィッシュ・アンド・チップスを売る「持ち帰り料理店」のオーナーたちには、イタリア、キプロス、中国などの出身者が多かったという。つまり、今日ではイギリス料理を代表するだけでなく、イギリス自体をも表象するナショナル・アイコンにまでなったフィッシュ・アンド・チップスという料理の歴史は、イギリスにおける移民史と決して切り離せないのである。

こうしたことはイギリスに限った話ではないだろう。たとえば、ニューヨークの食文化を東欧系ユダヤ移民がもたらしたベーグルなしに、ベルリンのナイトライフをトルコ移民が発明したケバブサンドなしに考えることはできないはずだ。そしてこれは、日本で長らく「国民食」として親しまれてきたラーメンの歴史（特に即席麺の誕生）を、中国大陸や台湾の出身者たちの存在抜きに語ることは不可能であり、餃子の普及の歴史を辿ろうとすれば「満州」への移民と引揚げの問題に遡らねばならないのと同じことである。

しばしば「3F（フード、ファッション、フェスティバル）」と揶揄されるように、移民の食文化への関心がうわべだけの多文化礼賛にとどまり、返って現実の差別や格差を隠蔽してしまうとの指摘もある。しかし、パナイーが最終章の末尾で示唆しているように、フードスタディーズにはナショナリズムや排外主義が依拠しているステレオタイプ自体を「解体」させる潜在力もあるはずだ。本書の刊行が呼び水となり（そして食欲を喚起し）、既存の先入観や偏見を食い破る刺激的な食文化研究がもっと巷に溢れるようになればと願ってやまない。

本書の翻訳にあたっては、多くの方々のお世話になった。紙幅の都合上、ここではお二人の名前のみ挙げさせていただく。まず訳者の怠慢と勉強不足から一進一退を繰り返す翻訳作業に忍耐強く並走してくれた編集担当の太田明日香さんに、心より感謝を述べたい。また本書のカバーに、イングランド北東部の炭鉱町の風景と人々を描きつづけたノーマン・コーニッシュ（一九一九―二〇一四）の作品「エディーズ・フィッシュ・ショップ」の画像を使用させてほしいという訳者・出版社からの要望を聞き入れ、その使用と加工の許可を下さったコーニッシュの遺族代表、ドロシー・コーニッシュ氏にも厚く御礼申し上げたい。

二〇二〇年八月

栢木清吾

7 Joanna Blythman, *Bad Food Britain: How a Nation Ruined Its Appetite* (London, 2006), pp.xv-xvi.

8 Julia Abramson, *Food Culture in France* (London, 2007), pp.33-7.

9 As an introduction see Donna R. Gabaccia, *We Are What We Eat: Ethnic Food and the Making of Americans* (London, 1998).〔ガバッチア『アメリカ食文化――味覚の境界線を越えて』.〕

10 See, for example, David Vital, *A People Apart: The Jews in Europe, 1789-1939* (Oxford, 1999).

11 次を参照。Stefan Manz and Panikos Panayi, 'Refugees and Cultural Transfer to Britain: An Introduction', in *Refugees and Cultural Transfers to Britain,* ed. Stefan Manz and Panikos Panayi (Abingdon, 2013), pp.11-21.

12 Panikos Panayi, *An Immigration History of Britain: Multicultural Racism since 1800* (London, 2010), pp.37-45.〔パコニス・パナイー『近現代イギリス移民の歴史――寛容と排除に揺れた200年の歩み』浜井祐三子・溝上宏美訳，人文書院, 2016, pp.66-78.〕

13 Kenneth Lo, *Chinese Food* (London, 1972); Lizzie Collingham, *Curry: A Biography* (London, 2005).〔コリンガム『インド・カレー伝』.〕

63 *Parikiaki,* 5 April 2012.

64 Mark Petrou, *Fish and Chips: A National Treasure: Celebrating 150 years of Britain's Favourite Dish* (Chatteris, 2010), pp.45-62; Kathy Burrell, *Moving Lives: Narratives of Nation and Migration among Europeans in Post-war Britain* (Aldershot, 2006), pp.10, 149,161.

65 *FFR,* June, August 1998.

66 Anthony Shang, *The Chinese in Britain* (London, 1984), pp.25-6; J.A.G. Roberts, *China to Chinatown: Chinese Food in the West* (London, 2002), pp.172-6; Susan Chui Chie Baxter, 'A Political Economy of the Ethnic Chinese Catering Industry' PhD Thesis, Aston University, 1988.

67 *FFR,* December 1974.

68 *Fish Trader,* 29 May, 10 July 1976.

69 *FFR,* June 1969.

70 Ibid., March, April, October 1989.

71 Ibid., July 2003, March 2012, May 2012.

72 Sarah Hackett, 'From Rags to Restaurants: Self-determination, Entrepreneurship and Integration amongst Muslim Immigrants in Newcastle upon Tyne in Comparative Perspective, 1960s-1990s' , *Twentieth Century British History,* xxiv (2013).

73 Trevor Jones and Monder Ram, 'South Asian Businesses in Retreat? The Case of the UK', *Journal of Ethnic and Migration Studies,* xxix (2003).

第5章　フィッシュ・アンド・チップスの意味

1 工業化における主導部門という概念は、W・W・ロストウが用いたものである。W. W. Rostow, *The Process of Economic Growth,* 2nd edn (Oxford, 1960), pp.261-73.〔W・W・ロストウ『経済成長の過程』増補版，酒井正三郎・北川一雄訳，東洋経済新報社，1965, pp.305-18.〕ただし、ロストウは鉄道とは違う事例を挙げている。

2 John K. Walton, *Fish & Chips and the British Working Class, 1870-1940* (Leicester, 1992), pp.137-67.

3 *Independent, 6* July 2005.

4 Walton, *Fish and Chips,* pp.137-61.

5 Friedrich Engels, *The Condition of the Working Class in England* [1845] (London, 1987), pp.68-110.〔エンゲルス『イギリスにおける労働者階級の状態（上）』浜林正夫訳，新日本出版社，2000，pp.50-121.〕

6 Richard Rodgers, *Housing in Urban Britain, 1780-1914* (Cambridge, 1995).

40 *The Post Office London Directory with County Suburbs for 1923* (London, 1923), pp.2410-1.
41 ジェシカ・グールドへのインタビューに基づく（2004年4月13日）。
42 *Post Office London Directory for 1954* (London, 1954), pp.252-3.
43 John K. Walton, *Fish & Chips and the British Working Class, 1870-1940.* (Leicester, 1992), p.2.
44 Gerald Priestland, *Frying Tonight: The Saga of Fish and Chips* (London, 1972), p.20.
45 Pat O'Mara, *The Autobiography of a Liverpool Irish Slummy* (London, 1934), p.139.
46 Walton, *Fish & Chips,* p.38; Shane Hegarty, *The Irish (& Other Foreigners): From the First People to the Poles* (Dublin, 2009), pp.162-3; *Irish Times,* 12 September 1998.
47 次を参照。 Colin Hughes, *Lime, Lemon and Sarsaparilla: The Italian Community in Wales, 1881-1945* (Bridgend, 1991), pp.47-8.
48 J. Ronald Williams, 'The Influence of Foreign Nationalities on the Life of the People of Merthyr Tydfil', *Sociological Review,* xviii (1926), p.152.
49 Hughes, *Lime.*
50 Walton, *Fish & Chips,* pp.37-8; Wendy Ugolini, *Experiencing the War as the 'Enemy Other: Italian Scottish Experience in World War II* (Manchester, 2011), pp.28-30; Mary Contini, *Dear Francesca: An Italian Journey of Recipes Recounted with Love* (London, 2003), p.241; Joe Pieri, *The Scots-Italians: Recollections of an Immigrant* (Edinburgh, 2005), p.14.
51 Ugolini, *Experiencing the War,* pp.30-1, 121.
52 *FTG,* 31 March, 21 April 1945.
53 Pieri, *The Scots-Italians,* p.15.
54 Contini, *Dear Francesca,* p.242.
55 Joe Pieri, *River of Memory: Memoirs of a Scots-Italian* (Edinburgh, 2006), pp.5-7.
56 Joe Pieri, *Tales of the Savoy: Stories from a Glasgow Café* (Glasgow, 1999).
57 Panikos Panayi, *An Ethnic History of Europe Since 1945: Nations, States and Minorities* (London, 2000), p.65.
58 Floya Anthias, *Ethnicity, Class, Gender and Migration: Greek Cypriots in Britain* (Aldershot, 1992), p.58.
59 *Post Office London Directory for 1954,* pp.2252-3.
60 *Kelly's Post Office London Directory* (London, 1975), pp.1837-9, 1889-92.
61 レフテリス・エレフセリウーとコスタス・エレフセリウーへのインタヴューに基づく（2004年4月5日）。
62 *FFR, July* 2007.

20 pp.33-4も参照。

21 Panikos Panayi, *Immigration, Ethnicity and Racism in Britain, 1815-1945* (Manchester, 1994), pp.50-1.　最近刊行された次の書籍も参照。Debra Kelly and Martyn Cormick, eds, *A History of the French in London: Liberty, Equality, Opportunity* (London, 2013). 同書には「19世紀ロンドンにおけるフランス料理の経験」と題されたヴァレリー・マーズの論文が収録されているが、そこでこの問題は取り上げられてはいない。

22 Colin Holmes, *Anti-Semitism in British Society, 1876-1939* (London, 1979); Polly Pinsker, 'English Opinion and Jewish Emancipation (1830-1860)', *Jewish Social Studies,* xiv (1952), pp.51-94.

23 Robert D. Butterworth,'The Significance of Fagin's Jewishness', *Dickensian,* CV (1009), pp.213-24; Harry Stone, 'Dickens and the Jews', *Victorian Studies,* II *(1959),* pp.223-53; Todd M. Endelman, *The Jews of Britain, 1656-2000* (London, 2002), pp.79-126.

24 *Morning Chronicle,* 7 April 1824.

25 *Morning Post,* 22 September 1853.

26 Anne and Roger Cowen, *Victorian Jews through British Eyes* (Oxford, 1986).

27 *Age and Argus,* 28 September 1844.

28 *Chambers's Edinburgh Journal,* 2 December 1848.

29 *City Press,* 12 June 1858.

30 Watts Phillips, *The Wild Tribes of London* (London, 1855), pp.67-8.

31 *Morning Post,* 11 September 1849.

32 'Down Whitechapel Way', *Household Words*, 1 November 1851.

33 George Augustus Sala, 'Imaginary London', *Belgravia* (December 1872), p.202.

34 Holmes, *Anti-Semitism.*

35 Bernard Gainer, *The Alien Invasion: The Origins of the Aliens Act of 1905* (London, 1972); Lloyd P. Gartner, *The Jewish Immigrant in England, 1870-1914* (London, 1960).

36 George A. Wade, 'Israel in London: How the Hebrew Lives in Whitechapel', *English Illustrated Magazine* (August 1900), pp.405-6.

37 Robert Blatchford, *Julie: A Study of a Girl* (London, 1900), p.33.

38 *Freeman's Journal and Commercial Advertiser,* 4 April 1893.

39 See John M. Shaftesley, 'Culinary Aspects of Anglo-Jewry', in *Studies in the Cultural Life of the Jews in England,* ed. Issachar Ben-Ami and Dov Noy (Jerusalem, 1975), p.389.

81 *FFR*, July 1995, October 1996, September 1997.

82 2007年9月3日に筆者がこの店に立ち寄り、ポークチョップを食べた際に得た情報に基づいている。

第4章 エスニシティ

1 'Top UK Dish 'Hooked French First', http://news.bbc.co.uk, accessed 19 December 2012.

2 'Know Your Enemy', www.stormfront.org/forum/showthread.php?t=909928&page=5&pp=10, accessed 19 December 2012.

3 *The Times*, 20 February, 20 May 2010.

4 *Daily Mail*, 9 May 2010.

5 Clarissa Dickson Wright, *A History of English Food* (London, 2011), Kindle location 6013.

6 Claudia Roden, *The Book of Jewish Food: An Odyssey from Samarkand to New York* (New York, 1996), p.113.

7 *Jewish Chronicle*, 15 December 2006.

8 Roden, *Book of Jewish Food*, p.114.

9 *Glasgow Herald*, 14 April 1868.

10 Israel Zangwill, *Children of the Ghetto* [1893] (Chestnut Hill, MA, 2006), pp.48-9.

11 Alexis Soyer, *A Shilling Cookery Book for the People* (London, 1860), p.28.

12 Eliza Acton, *Modern Cookery for Private Families* (London, 1865), p.607.

13 *The Jewish Manual: Or Practical Information in Jewish and Modern Cookery with a Collection of Valuable Recipes and Hints Relating to the Toilette* [London, 1846] (New York, 1983), p.38.

14 Florence Greenberg, *Jewish Cookery Book*, 9th edn (London, 1988), p.50.

15 第1章を参照。

16 Charles Dickens, *A Tale of Two Cities* [1859] (Oxford, 1998), p.33.

17 Karen Hess, 'The Origins of French Fries', *Petits Propos Culinaires*, Lxviii (2001), pp.39-48; Maryann Tebben, '"French" Fries: Franc's Culinary Identity from Brillat-Savarin to Barthes', *Convivium Artum* (Spring 2006), p.3. ソワイエについては、たとえば次を参照。 Ruth Brandon, *The People's Chef: Alexis Soyer, A Life in Seven Courses* (Chichester, 2005); and Ruth Cowen, *Relish: The Extraordinary Life of Alexis Soyer, Victorian Celebrity Chef* (London, 2006).

18 Peter Scholliers, *Food Culture in Belgium* (London, 2009), pp.131-3.

19 Tebben, '"French" Fries', pp.2-7.

61 次を参照。
www.nordsee.com/at/produkte/190/fish-und-chips, accessed 23 November 2012.
62 *FFR,* August, September 1993.
63 *The Times,* 31 July 1999, 4 March 2000, 9 September 2010.
64 *FFR,* August 1998.
65 *New York Times,* 22 December 2004.
66 *FFR,* April 1960.
67 *New York Times,* 12 November 1899.
68 *FTG,* 27 September, 18 October 1919, 5 September 1936; *Fish Traders' Weekly,* 25 August 1936.
69 *FFR,* January, September 1969, May 1977; *Observer,* 5 November 1978; *FTG,* 21 August 1971; Priestland, *Frying Tonight,* pp.114-9.
70 *Worcester Telegram and Gazette,* 30 August 1993, 6 February 2008; *The Times,* 24 August 2001; *Economist,* 7 June 2001.
71 Hasia R. Diner, *Hungering for America: Italian, Irish and Jewish Foodways in the Age of Migration* (London, 2001); Linda Keller Brown and Kay Mussell, eds, *Ethnic and Regional Foodways in the United States: The Performance of Group Identity* (Knoxville, TN, 1985); Donna R. Gabaccia, *We Are What We Eat: Ethnic Food and the Making of Americans* (London, 1998).〔ダナ・R. ガバッチア『アメリカ食文化――味覚の境界線を越えて』伊藤茂訳，青土社，2003.〕
72 *Guardian,* 20 July 1993; *Irish Times,* 15 July 1995; *The Times,* 12 December 1998.
73 Donna R. Gabaccia, 'Pizza, Pasta and Red Sauce: Italian or American', *History in Focus* 11: Migration, www.history.ac.uk, accessed 1 November 2012; Lizzie Collingham, *Curry: A Biography* (London, 2005)〔リジー・コリンガム『インドカレー伝』東郷えりか訳，河出書房新社（河出文庫），2016〕; Kenneth Lo, *Chinese Food* (London, 1972).
74 *FFR,* January 1968.
75 *Northern Echo,* 28 August 2001.
76 *The Times,* 7 August 2004.
77 *Observer,* 9 May 1976.
78 *FTG*, 21 December 1946; Roy Bainton, *The Long Patrol: The British in Germany* (Edinburgh, 2003), pp.203-5; Navy, Army and Air Force Institutes, www.naafi.co.uk, accessed 27 December 2012.
79 Karen O'Reilly, *The British on the Costa del Sol* (London, 2000), pp.89-93.
80 *Punch,* 28 July 1971.

37 Ibid., 28 February 1979.

38 *Guardian,* 22 November 2003.

39 *Daily Mirror,* 7 January 2010; *Daily Express,* 7 January 2010.

40 *The Times,* 28 April 2004.

41 'Best of Britain: Fish'n'Chips Tops "Best of British" Poll', www.ihgplc.com, 25 June 2008.

42 *FFR, May* 1952.

43 Ibid., September 1968.

44 Ibid., June 1976.

45 Ibid., July 2007.

46 *FTG,* 21 April 1956.

47 *Fried Fish Caterer,* 31 January 1980.

48 *FFR,* March 1992.

49 Ibid., December 1963.

50 Ibid., September 1998.

51 Ibid., July 2009.

52 Walton, *Fish & Chips,* p.40.

53 Ibid., p.38; Shane Hegarty, *The Irish (& Other Foreigners): From the First People to the Poles* (Dublin, 2009), pp.161-4.

54 *Fish Traders' Weekly,* 26 April 1938. 次も参照。 *Fish Traders' Weekly,* 7 July 1938; *FTG,* 4 April 1936.

55 Gerald Priestland, *Frying Tonight: The Saga of Fish and Chips* (London, 1972), p.113.

56 Ibid., pp.113-14; Walton, *Fish & Chips,* p.39; *FFR,* 30 April 1980, June 2010; *Fried Fish Caterer,* 30 April 1980; *FTG,* 30 April 1932; www.chumleywarners.com.au, accessed 26 October 2012; 'Reviews', 'Chumley Warner's Traditional British Fish and Chips', http://expatdirectory.telegraph.co.uk, accessed 26 October 2012.

57 Priestland, *Frying Tonight,* p.113.

58 *FTG,* 3o April 1932; Hilda Gerber, *Fish Fare for South Africans* (Port Elizabeth, 1945), pp.23-6.

59 *Frier,* 1 August, 1 October 1923.

60 Priestland, *Frying Tonight,* p.111; *FFR,* May 1952; Ole Sparenberg, 'How the Germans did not Approriate Fish and Chips: The Case of the Fischbratküche in the 1920s and 1930s', in *Travelling Goods, Travelling Moods: Varieties of Cultural Appropriation (1850-1950),* ed. Christian Huck and Stefan Bauernschmidt (Frankfurt, 1950), pp.61-78.

pp.121; ジョージ・オーウェル「あの楽しかりし日々」鈴木健三訳, 川端康雄編『オーウェル評論集１　象を撃つ』平凡社 (平凡社ライブラリー), 2009, p.186.〕

11 Robert Roberts, *The Classic Slum* (London, 1971), p.107.

12 *North-eastern Daily Gazette,* 7 April 1897.

13 Sarah Elizabeth Francis,'Author's Note', *Ladybird Lane* (London, 1962).

14 Francis, *Ladybird Lane,* pp.103-4.

15 *Northern Echo,* 11 December 1891.

16 *The Times,* 2 March 2004.

17 Tim Lobstein, *Fast Food Facts* (London, 1988); *Observer,* 25 January 2000.

18 Ben Rogers, *Beef and Liberty: Roast Beef John Bull and the English Nation* (London, 2003).

19 Panikos Panayi, *Spicing Up Britain: The Multicultural History of British Food* (London, 2008), pp.12-37.

20 *New York Times,* 14 October 1928.

21 *Hull Daily Mail,* 20 December 1929.

22 *Manchester Guardian,* 16 January 1931.

23 Philip Harben, *Traditional Dishes of Britain* (London, 1953), p.7.

24 Ibid., p.115.

25 Ibid., p.116.

26 Adrian Bailey, *The Cooking of the British Isles* (London, 1970), pp.111-15.〔エイドリアン・ベイリー『イギリス料理』タイムライフブックス編集部編・訳, タイムライフインターナショナル, 1972, p.111.〕

27 *Observer,* 1 March 1992; *The Times,* 1 March 1992; *Guardian,* 29 February 1992.

28 Mark Petrou, *Fish and Chips: A National Treasure: Celebrating 150 Years of Britain's Favourite Dish* (Chatteris, 2010).

29 James Martin, *Great British Dinners* (London, 2003), p.87; Gary Rhodes, *New British Classics* (London, 1999), pp.169-70.

30 *Great British Menu* (London, 2006), p.83.

31 Heston Blumenthal, *In Search of Total Perfection* (London, 2009), pp.253-67.

32 *New York Times,* 4 April 1960.

33 Ibid., 26 February 1958.

34 Ibid., 18 April 1962.

35 Ibid., 9 March 1993.

36 Ibid., 25 July 1989.

111 Acumen Marketing Group, *Report on Take Away Food Market,* p.114.

112 Mark Petrou, *Fish and Chips: A National Treasure: Celebrating 150 Years of Britain's Favourite Dish* (Chatteris, 2010), p.43; *The Times,* 22 March 2010, 9 December 2011.

113 Petrou, *Fish and Chips,* pp.40-3.

114 *Fast Food and Fish and Chips,* October 2004.

115 Carol Parsons, *Introduction to Fish Frier Practice* (London, 1988), pp.72-5. 次の文献中のマッケインのチップスについての特集記事も参照。 *FTG,* 8 May 1971.

116 Ibid; *FFR,* June 1989.

117 *Guardian,* 31 July 2012;'Harry's At Home', www.harryramsdens.co.uk, accessed 2 October 2012.

118 *Great British Menu* (London, 2006); James Martin, *Great British Dinners* (London, 2003).

119 *Mirror,* 4 June 1997.

120 第3章を参照。

第3章 イギリスらしさ

1 John K. Walton, *Fish & Chips and the British Working Class, 1870-1940* (Leicester, 1992), p.137.

2 Charles Dickens, *Oliver Twist* [1838] (Oxford, 1999), p.196.〔ディケンズ『オリバー・ツイスト』pp.365-6.〕

3 Reprinted in *Trewman's Exeter Flying Post,* 20 March 1856.

4 Charles Dickens, *A Tale of Two Cities* [1859] (Oxford, 1998), p.33.〔ディケンズ『二都物語（上）』p.53.〕

5 Henry Mayhew, *London Labour and the London Poor,* vol. 1 [1861] (London, 1968), p.168.

6 George Gissing, *Workers in the Dawn [1880]* (Brighton, 2010), p.7.

7 H. D. Lowry, 'Unknown London I: The Mysteries of Walworth Road', *Windsor Magazine* (January 1895), pp.30-6.

8 *FTG,* 2 September 1905.

9 *Morning Post,* 26 November 1872.

10 George Orwell, *The Road to Wigan Pier* [1937], 'Such, Such Were the Joys', in Orwell's England (London, 2001), pp.116, 382.〔ジョージ・オーウェル『ウィガン波止場への道』土屋宏之・上野勇訳, 筑摩書房 (ちくま学芸文庫), 1996,

83 MINTEL, *Eating Out 1992* (London, 1992), pp.1-3, 40, 52-6.

84 *Observer*, 19 January 2003; *The Times*, 9 February 2009.

85 MINTEL,'Eating Out Review - UK - July 2012', http://academic.mintel.com, accessed 2 October 2012.

86 Panikos Panayi, *Spicing Up Britain: The Multicultural History of British Food* (London, 2008), pp.162-3.

87 Acumen Marketing Group, *Report on Take Away Food Market*, pp.78-9, 92.

88 *FFR*, March 1970.

89 *Fish Trader*, 30 November 1985.

90 *FTG*, 29 March 1975.

91 *Fish Trader*, 23 October 1976, 22 November 1980, 27 April, 11, 25 May 1985.

92 MINTEL, *Eating Out 1992*, p.42.

93 *FFR*, May 1952, February, March 2003; *Guardian*, 25 April 1972, 5 December 1980, 26 June 1998; *Financial Times*, 14 November 1996; Charles Derwent, 'Wild About Harry's', *Management Today*, January 1991, p.68; 'About Harry's', www.harryramsdens.co.uk, accessed 2 October 2012.

94 John Burnett, *England Eats Out: A Social History of Eating Out in England from 1830 to the Present* (London, 2004), p.313.

95 Panayi, *Spicing*, pp.171, 173.

96 *FFR*, 12 June 1971.

97 *Fish Trader*, 28 April 1990.

98 *FFR*, June 2003.

99 Ibid., February 1999.

100 Ibid., September 2004.

101 Ibid., March 2005.

102 Ibid., March 1994.

103 Ibid., September 1994.

104 Ibid., August 1970.

105 Ibid., May 2012.

106 Ibid., June 2004.

107 Pierre Picton and Road Harrod, *A Gourmet's Guide to Fish and Chips* (Stroud, 1990). 初版は1966年にロンドンで、ピクトンの単著として出版された。

108 *The Times*, 13 August 2011.

109 *FTG*, 19 April 1975.

110 *Fish Trader*, 13 July 1985.

57 Ibid., pp.201-8; Chatchip, *Fish Frier,* pp.128-38.

58 *The Times,* 7 September 1957.

59 *Manchester Guardian,* 15 January 1931.

60 Chatchip, *Fish Frier,* pp.163-6.

61 Henry Mayhew, *London Labour and the London Poor* [1861], vol. (London, 1968), pp.161-3.

62 Chatchip, *Fish Frier,* pp.166-7.

63 *FTG,* 17 July 1920.

64 *Frier, 3* September 1921.

65 *Guardian,* 10 February 1959.

66 *FTG,* 19 August 1961.

67 *FFR,* January 1957.

68 Ibid., December 1956; *The Times,* 7 September 1957.

69 BL, Mass Observation Online,'The Pub and the People: A Worktown Study By Mass Observation', London, 1943, p.119.

70 BL, Mass Observation Online, File Report 685, 'Holidays', May 1941, p.18.

71 Ministry of Food, *Fish Cookery* (London, 1948), p.111.

72 Good Housekeeping Institute, *Mac Fisheries Fish Cookery* (London, 1955), p.12.

73 たとえば以下を参照。Elizabeth Lucas, *A Pretty Kettle of Fish* (London, 1935); James Beard, *James Beard's Fish Cookery* (London, 1955).

74 これらの数字が推計である点に注意しておくことが重要である。1970年代から1980年代にかけての時期、もっと多くのフィッシュ・アンド・チップス店があったことを示す資料も存在する。

75 A. G. Williams,'Fish and Chips and the Fast Food Revolution', *Fish Industry Review,* 1 (1977), pp.7-9; *The Times,* 24 September 1971; *Fish Trader,* 29 March 1980.

76 *Guardian,* 23 June 1971.

77 *FTG,* 14 June 1975.

78 *Guardian,* 26 January 1976.

79 Acumen Marketing Group, *A Report on the Take Away Food Market in Britain* (London, 1978), pp.4, 10-1, 26, 115.

80 Euromonitor, *The Hotel and Catering Industry* (London, 1982), p.29.

81 次を参照。Fish Industry Authority Fishery Economics Research Unit, *British Survey of Eating Out - Fish: July 1981 - June 1982* (Edinburgh, 1983), p.6.

82 David Lennon,'Fish and Chips Revolution', *Europe* (October 1992), pp.40-1.

27 *FFR*, January 1958.

28 White Fish Authority, *Fifth Annual Report*, p.42.

29 Chatchip, *Fish Frier*, pp.31-7, 49-56.

30 *FTG*, 17, 24 January 1914.

31 Ibid., 23 January 1932.

32 Ibid., 27 January 1951.

33 Walton, *Fish & Chips*, p.34.

34 Reeves, *Modern Fish-frier*, pp.79-97.

35 *FTG*, 13 February 1932.

36 Ibid., 18 January 1936.

37 Ibid., 22 August 1936.

38 BL, Mass Observation Online, File Report 685, 'Holidays', May 1941, p.17.

39 *FFR*, January 1958.

40 Ibid., November 1964.

41 Taylor, *Economics of White Fish Distribution*, p.142.

42 *FTG*, 19 February 1927.

43 Ibid., 14 November 1936.

44 Ibid., 6 August 1966, 8 June 1968.

45 Ibid., 27 February 1932, 18 January 1936, 13 January 1951; Gerald Priestland, *Frying Tonight: The Saga of Fish and Chips* (London, 1972), p.84.

46 Priestland, *Frying Tonight*, pp.79-87; Walton, *Fish & Chips*, pp.111-36; Roy Shipperbottom,'Fish and Chips', in *Fish: Food from the Waters*, ed. Harlan Walker (Totnes, 1998), p.266; *FTG*, 10, 17, 24 December 1921; *FFR*, January 1968, October 1969.

47 *FTG*, 28 May, 4, 18, 25 June 1921.

48 Ibid., 6 April, 30 July 1921.

49 Ibid., 2 July, 29 October 1921.

50 Priestland, *Frying Tonight*, pp.89-99; Walton, *Fish & Chips*, pp.47-50.

51 Walton, *Fish & Chips*, p.101; Shipperbottom,'Fish and Chips', p.272; Priestland, *Frying Tonight*, pp.105-6.

52 *FTG*, 10 September 1921.

53 Reeves, *Modern Fish-frier*, pp.136-64.

54 Priestland, *Frying Tonight*, p.106.

55 *FTG*, 1 October 1921.

56 Reeves, *Modern Fish-frier*, pp.351-67.

England and Wales (London, 1926), p.59.

3 *Manchester Guardian,* 15 January 1931.

4 Sea-fish Commission for the United Kingdom, *Second Report: The White Fish Industry* (London, 1936), p.52.

5 Ministry of Food, *The Urban Working-class Household Diet 1940 to 1949: First Report of the National Food Survey Committee* (London, 1951), pp.27-8; *FTG,* 12 May and 29 December 1945.

6 *FFR,* October 1954; R. A. Taylor, *The Economics of White Fish Distribution in Great Britain* (London, 1960), pp.141-2.

7 White Fish Authority, *Fifth Annual Report and Accounts for the Year ended 31 March 1956* (London, 1956), p.41.

8 *FFR,* October 1955.

9 *FTG,* 22 December 1956.

10 *The Times,* 7 September 1957.

11 *Third Special Report from the Select Committee on Agriculture with Report from the Sub-Committee on Fisheries* (London, 1968), p.89.

12 *FFR,* June 1964.

13 *Daily Mirror, 6* July 1968.

14 Peter Ford,'Excessive Competition in the Retail Trades: Changes in the Number of Shops, 1901-1931', *Economic Journal,* XLV (1935), pp.501-8.

15 *FTG,* 2 April 1921; White Fish Authority, *Fifth Annual Report,* p.41.

16 Chatchip, *The Fish Frier and His Trade* (London, 1924).

17 H. T. Reeves, *The Modern Fish-frier,* 2 vols (London, 1933).

18 Greville Havenhand, *Nation of Shopkeepers* (London, 1970), p.173.

19 Joe Pieri, *River of Memory: Memoirs of a Scots-Italian* (Edinburgh, 2006), pp.20-2.

20 Havenhand, *Nation of Shopkeepers,* pp.173, 174.

21 John K. Walton, *Fish Chips and the British Working Class, 1870-1940* (Leicester, 1992), p.69.

22 *FTG,* 7 May 1927.

23 Ibid., 4 June 1927.

24 Ibid., 14 May 1927; *Fish Traders' Weekly,* 14 December 1937.

25 Ibid., 1 March 1938. そうした称賛の別の例については以下を参照。
Jack Bedford, *Frying Times: Reflections and Observations of Life by a Bradford Fish Frier* (Ilfracombe, 1993), p.27.

26 Havenhand, *Nation of Shopkeepers,* p.173.

during the Year 1888 (London, 1889), pp.3, 12.

75 *Manchester Courier, 27* November 1866.

76 *Leicester Journal,* 2 July 1869; *Leicester Chronicle,* 3 July 1869.

77 *Morning Post,* 26 November 1872.

78 *Newcastle Courant,* 23 October 1868.

79 *Leicester Chronicle and Leicester Mercury,* 12 October 1878.

80 *Daily News,* 12 April 1884.

81 *The Times,* 19 March 1875; *Standard,* 1 April 1875.

82 'Fish Diet', *All Year Round,* 16 June 1883, p.18.

83 Walton, *Fish & Chips,* pp.5, 26-30.

84 Ibid., pp.6-7.

85 D. J. Oddy,'Working Class Diets in Late Nineteenth Century Britain', *Economic History Review,* XXIII (1970), p.322.

86 *Young Folks Paper,* 14 November 1885.

87 Panikos Panayi, *Spicing Up Britain: The Multicultural History of British Food* (London, 2008), pp.162-76.

88 *FTG,* 2 September 1905.

89 Walton, *Fish & Chips,* p.27.

90 Priestland, *Frying Tonight,* pp.73-4.

91 *FTG,* 27 March 1920. フィッシュ・アンド・チップス店の経営に関わる事柄については、次の文献で詳しく扱われている。 Walton, *Fish & Chips,* pp.52-71.

92 Elizabeth Buettner,'Chicken Tikka Masala, Flock Wallpaper, and "Real" Home Cooking: Assessing Britain's "Indian" Restaurant Traditions', *Food and History,* VII (2009), pp.203-29.

93 Chaloner,'Trends', p.110.

94 Chatchip, *Fish Frier,* pp.13-22.

95 Priestland, *Frying Tonight,* pp.89-96, 122.

96 Chatchip, *Fish Frier,* pp.200-9; Walton, *Fish & Chips,* pp.111-7.

97 Walton, *Fish & Chips,* p.8; Priestland, *Frying Tonight,* pp.72-3; N. Moser, *From Sea to Table* (London, 1911), pp.17-23.

第2章　発展

1 *FTG,* 2 April 1921.

2 Ministry of Agriculture, Fisheries and Food, *Report on the Marketing of Potatoes in*

房, 2011, pp.113-9, 抄訳.〕

52 Ibid., pp.165-70.〔「街頭商人と魚のフライ」同上, pp.119-22, 抄訳.〕

53 Ibid., pp.172-5.〔「焼きジャガを売る街頭商人」同上, pp.128-30, 抄訳.〕

54 第3章を参照。

55 *Morning Chronicle,* 4 October 1837; *London Standard,* 4 October 1837; *Bell's Life in London and Sporting Chronicle,* 8 October 1937.

56 *Era,* 31 May 1840.

57 *Odd Fellow,* 7 November 1840.

58 *Leicester Mercury,* 13 August 1842; *Liverpool Mercury,* 12 August 1842.

59 *Morning Post,* 27 June 1851.

60 Watts Phillips, *The Wild Tribes of London* (London, 1855), pp.66-7.

61 Walton, *Fish & Chips,* p.25.

62 Petrou, *Fish and Chips,* pp.27-31.

63 Priestland, *Frying Tonight,* pp.64-7. オールド・フォード・ロードにあったマリンの店は1972年に取り壊された。このことについては以下を参照。*FFR,* August 1972.

64 Alexis Soyer, *A Shilling Cookery Book for the People* (London, 1860), p.114; *Jewish Manual: Or Practical Information in Jewish and Modern Cookery with a Collection of* V*aluable Recipes and Hints Relating to the Toilette* [London, 1846] (New York, 1983), p.92.

65 Ibid., pp.114-5.

66 *Girl's Own Paper,* 6 May 1882.

67 Soyer, *Shilling Cookery,* p.28.

68 Piscator, *Practical Treatise on the Choice and Cookery of Fish* (London, 1854), pp.173-4.

69 Mrs. John B. Thwaites, *Fish Cookery* (Liverpool, 1883), pp.11, 15-6.

70 James Greenwood, *Unsentimental Journeys: Or Byways of the Modern Babylon* (London, 1867), p.13.

71 *Morning Post,* 24 February 1865.

72 *Morning Post,* 26 November 1872.

73 'Cheap Shops in London', *Chambers's Journal,* 15 March 1879.

74 Metropolitan Board of Works, *Report of the Chief Officer of the Metropolitan Fire Brigade, on the state of the Brigade, and the Fires in London during the Year 1867* (London, 1868), pp.3, 14; Metropolitan Board of Works, *Report of the Chief Officer of the Metropolitan Fire Brigade, on the state of the Brigade, and the Fires in London*

36 Redcliffe N. Salaman, *The History and Social Influence of the Potato* (Cambridge, 1949), pp.1-145; Larry Zuckerman, *The Potato: From the Andes in the Sixteenth Century to Fish and Chips* (London, 1998), pp.3-10〔ラリー・ザッカーマン『じゃがいもが世界を救った―ポテトの文化史』関口篤訳，青土社，2003, pp.17-27〕; Archibald Findlay, *The Potato: Its History and Culture with Descriptive List of Varieties Raised* (Cupar-Fife, 1905), p.1.

37 Findlay, *The Potato,* p.2; Thomas P. McIntosh, *The Potato: Its History, Varieties, Cultures and Diseases* (London, 1927), pp.6-10; T.E.H.W. Krichauff, 'The Tercentenary of the Introduction of the Potatoes into England', *Journal of the Royal Horticultural Society,* xix (1895-6), pp.224-5.

38 Zuckerman, *Potato,* pp.17, 31-2.〔ザッカーマン『じゃがいもが世界を救った』, pp.36, 54-5.〕

39 Ibid., pp.47-60; Salaman, *History and Social Influence of the Potato,* pp.424-50.

40 Salaman, *History and Social Influence of the Potato,* p.454.

41 Ibid., pp.456-542; Zuckerman, *Potato,* pp.57-67, 98-120, 128-58〔ザッカーマン『じゃがいもが世界を救った』pp.84-96, 135-63, 171-211.〕; Spencer, *British Food,* pp.225-9.

42 May, *Accomplisht Cook,* p.273.

43 Wilson, *Food and Drink,* pp.218-9.

44 Nick Groom,'William Henry Ireland: From Forgery to Fish and Chips', in *Cultures of Taste/Theories of Appetite: Eating Romanticism,* ed. Timothy Morton (London, 2004), pp.29-30, 32.

45 Radcliffe, *Modern System,* p.360.

46 「フレンチフライ」については第4章でも検討する。

47 Charles Dickens, *Oliver Twist* [1838] (Oxford, 1999), p.196.〔ディケンズ『オリバー・ツイスト』唐戸信嘉訳，光文社（光文社古典新訳文庫），2020, pp.365-6.〕

48 Charles Dickens, *A Tale of Two Cities* [1859] (Oxford, 1998), p.33.〔ディケンズ『二都物語（上）』池央耿訳, 光文社（光文社古典新訳文庫），2016，p.53.〕

49 Ibid., p.374. この記述については、デ・モントフォート大学のロバート・カントン教授にご教示いただいた。

50 Mayhew, *London Labour and the London Poor,* vol. 1, p.62.

51 Ibid., pp.160-5.〔ヘンリー・メイヒュー「エンドウ豆スープおよび熱いウナギを売る街頭商人」「塩漬けのエゾバイを売る街頭商人」『ヴィクトリア時代ロンドン路地裏の生活誌　上』ジョン・キャニング編, 植松靖夫訳, 原書

1998)〔マーク・カーランスキー『鱈——世界を変えた魚の歴史』池央耿訳, 飛鳥新社, 1999, 抄訳〕; Fagan, *Fish on Friday*, pp.219-89; W. Jeffrey Bolster, *The Mortal Sea: Fishing the Atlantic in the Age of Sail* (London, 2012), pp.40-9.

14 Priestland, *Frying Tonight*, pp.27-8; Fagan, *Fish on Friday*, pp.14-23.

15 Kurlansly, *Cod*, p.24.〔＊抄訳である邦訳書では、引用箇所は訳出されていない。〕

16 Cutting, *Fish Saving*, p.32; Fagan, *Fish on Friday*, pp.241-4.

17 Wilson, *Food and Drink*, pp.46-9.

18 Cutting, *Fish Saving*, pp.214-5.

19 Ibid., pp.203-7.

20 W. H. Chaloner,'Trends in Fish Consumption', in *Our Changing Fare: Two Hundred Years of British Food Habits*, ed. T. C. Barker, J. C. McKenzie and John Yudkin (London, 1966), pp.97-102.

21 Robert May, *The Accomplisht Cook* (London, 1671), pp.301, 328-9, 334-7, 342-3, 371.

22 *The Compleat Cook or the Whole Art of Cookery* (London, 1694), pp.50-61, 66-7, 72-5.

23 T. Hall, *The Queen's Royal Cookery* (London, 1709), p.122.

24 Charles Carter, *The Complete Practical Cook* (London, 1730), pp.69-70.

25 Hannah Glasse, *The Art of Cookery Made Plain and Easy* (Edinburgh, 1781), p.433.

26 M. Radcliffe, *A Modern System of Domestic Cookery* (Manchester, 1823), p.150.

27 Charles Latham Cutting, 'Fish Preservation as a Factor in the Extension of Supply', in *Fish in Britain*, eds. T. C. Barker and John Yudkin (London, 1971), p.25. (London, 1971), p.25.

28 Cutting, *Fish Saving*, p.217.

29 Fish Association, *The Second Report of the Committee of the Fish Association for the Benefit of the Community Respecting the Measures to be Adopted for the Supply of the Metropolis and its Neighbourhood* (London, 1813).

30 George Dodd, *The Food of London* (London, 1856), p.344; Chaloner,'Trends', pp.106-7.

31 Dodd, *Food of London*, pp.351, 352.

32 Henry Mayhew, *London Labour and the London Poor* [1861], vol. 1 (London, 1968), p.69.

33 Chaloner,'Trends', pp.107-9.

34 Ibid., p.105; Cutting,'Fish Preservation', p.26; *FTG*, 8 November 1919.

35 Cutting, *Fish Saving*, pp.217-20, 231-6, 249-58.

注　釈

略語

BL British Library

FFR Fish Friers Review

FTG Fish Trades Gazette

NFFF National Federation of Fish Friers

第１章　起源

1 *FFR*, June 1965; *FFR*, *November* 1968; *The Times*, 27 September 1968; Gerald Priestland, *Frying Tonight: The Saga of Fish and Chips* (London, 1972), pp.66-7; *Guardian*, 10 November 1965; *Daily Mail*, 9 May 2010.

2 Mark Petrou, *Fish and Chips: A National Treasure: Celebrating 150 Years of Britain's Favourite Dish* (Chatteris, 2010), p.25.

3 *Daily Express*, 7 January 2010.

4 *Daily Mail*, 9 May 2010.

5 Pierre Picton and Rod Harrod, *A Gourmet's Guide to Fish and Chips* (Stroud, 1990), pp.xii-iv（初版は1966年にロンドンでピクトンの単著として出版された）; Petrou, *Fish and Chips*, p.25.

6 Chatchip, *The Fish Frier and His Trade* (London, 1924).ロフタスの略歴については以下を参照した。John K. Walton, *Fish & Chips and the British Working Class, 1870-1940* (Leicester, 1992), p.5.

7 *FTG*, 12 March 1921.メイヒューについては後述する。

8 Charles Latham Cutting, *Fish Saving: A History of Fish Processing from Ancient to Modern Times* (London, 1955), pp.14-24.

9 Brian M. Fagan, *Fish on Friday: Fasting, Feasting and the Discovery of the New World* (New York, 2006), pp.3-23; Priestland, *Frying Tonight*, pp.25-8.

10 C. Anne Wilson, *Food and Drink in Britain* (London, 1973), pp.16-20.

11 Ibid., pp.20-5; Richard Tames, *Feeding London: A Taste of History* (London, 2003), p.11.

12 Wilson, *Food and Drink*, pp.25-30; Fagan, *Fish on Friday*, pp.27-57; Cutting, *Fish Saving*, pp.25-52; Moira Buxton,'Fish Eating in Medieval England', in *Fish: Food from the Waters*, ed. Harlan Walker (Totnes, 1998), pp.51-7; Colin Spencer, *British Food: An Extraordinary Thousand Years of History* (London, 2002), pp.54-5.

13 Mark Kurlansky, *Cod: A Biography of the Fish that Changed the World* (London,

(Totnes, 1998), pp.264-73.
Soyer, Alexis, *A Shilling Cookery Book for the People* (London, 1860).
Sparenberg, Ole, 'How the Germans did not Approriate Fish and Chips: The Case of the Fischbratküche in the 1920s and 1930s', in *Travelling Goods, Travelling Moods: Varieties of Cultural Appropriation (1850-1950),* eds. Christian Huck and Stefan Bauernschmidt (Frankfurt, 1950), pp.61-78.
Spencer, Colin, *British Food: An Extraordinary Thousand Years of History* (London, 2002).
Stone, Harry, 'Dickens and the Jews', *Victorian Studies,* II (1959), pp.223-53.
Tames, Richard, *Feeding London: A Taste of History* (London, 2003).
Taylor, R. A., *The Economics of White Fish Distribution in Great Britain* (London, 1960).
Tebben, Maryann, '"French Fries": France's Culinary Identity from Brillat-Savarin to Barthes', *Convivium Artum* (Spring 2006).
Thwaites, Mrs John B., *Fish Cookery* (Liverpool, 1883).
Ugolini, Wendy, *Experiencing the War as the 'Enemy Other': Italian Scottish Experience in World War II* (Manchester, 2011).
Vital, David, *A People Apart: The Jews in Europe, 1789-1939* (Oxford, 1999).
Wade, George A., 'Israel in London: How the Hebrew Lives in Whitechapel', *English Illustrated Magazine* (August 1900), pp.404-10.
Walker, Harlan, ed., *Fish: Food from the Waters* (Totnes, 1998).
Walton, John K., *Fish & Chips and the British Working Class, 1870-1940* (Leicester, 1992).
Williams, A. G., 'Fish and Chips and the Fast Food Revolution', *Fish Industry Review,* I (1977), pp.7-9.
Williams, J. Ronald, 'The Influence of Foreign Nationalities on the Life of the People of Merthyr Tydfil', *Sociological Review,* XVIII (1926), pp.145-52.
Wilson, C. Anne, *Food and Drink in Britain* (London, 1973).
Wright, Clarissa Dickson, *A History of English Food* (Kindle Edition, 2011).
Zangwill, Israel, *Children of the Ghetto* [1893] (Chestnut Hill, MA, 2006).
Zuckerman, Larry, *The Potato: From the Andes in the Sixteenth Century to Fish and Chips* (London, 1989).〔ラリー・ザッカーマン『じゃがいもが世界を救った――ポテトの文化史』関口篤訳，青土社，2003.〕

著者によるインタビュー

Elefheriou, Lefteris and Costas, 5 April 2004
Gould, Jessica, 13 April 2004

に揺れた 200 年の歩み』浜井祐三子・溝上宏美訳，人文書院，2016.〕
——, *Spicing Up Britain: The Multicultural History of British Food* (London, 2008).
Parsons, Carol, *Introduction to Fish Frier Practice* (London, 1988).
Petrou, Mark, *Fish and Chips: A National Treasure: Celebrating 150 years of Britain's Favourite Dish* (Chatteris, 2010).
Phillips, Watts, *The Wild Tribes of London* (London, 1855).
Picton, Pierre, and Rod Harrod, *A Gourmet's Guide to Fish and Chips* (Stroud, 1990).
Pieri, Joe, *River of Memory: Memoirs of a Scots-Italian* (Edinburgh, 2006).
——, *The Scots-Italians: Recollections of an Immigrant* (Edinburgh, 2005).
——, *Tales of the Savoy: Stories from a Glasgow Café* (Glasgow, 1999).
Pinsker, Polly, 'English Opinion and Jewish Emancipation (1830-1860)', *Jewish Social Studies,* XIV (1952), pp.51-94.
Piscator, *Practical Treatise on the Choice and Cookery of Fish* (London, 1854).
Priestland, Gerald, *Frying Tonight: The Saga of Fish and Chips* (London, 1972).
Radcliffe, M., *A Modern System of Domestic Cookery* (Manchester, 1823).
Reeves, H. T., *The Modern Fish-frier,* 2 vols (London, 1933).
Rhodes, Gary, *New British Classics* (London, 1999).
Roberts, J.A.G., *China to Chinatown: Chinese Food in the West* (London, 2002).
Roberts, Robert, *The Classic Slum* (London, 1971).
Roden, Claudia, *The Book of Jewish Food: An Odyssey from Samarkand to New York* (New York, 1996).
Rodgers, Richard, *Housing in Urban Britain, 1780-1914* (Cambridge, 1995).
Rogers, Ben, *Beef and Liberty: Roast Beef John Bull and the English Nation* (London, 2003).
Rostow, W. W., *The Process of Economic Growth,* 2nd edn (Oxford, 1960)．〔W. W. ロストウ『経済成長の過程』増補版，酒井正三郎・北川一雄訳，東洋経済新報社，1965.〕
Sala, George Augustus, 'Imaginary London', *Belgravia* (December 1872), pp.199-208.
Salaman, Redcliffe N., *The History and Social Influence of the Potato* (Cambridge, 1949).
Scholliers, Peter, *Food Culture in Belgium* (London, 2009).
Shaftesley, John M., 'Culinary Aspects of Anglo-Jewry', in *Studies in the Cultural Life of the Jews in England*, eds. Issachar Ben Ami and Dov Noy (Jerusalem, 1975), pp.367-99.
Shang, Anthony, *The Chinese in Britain* (London, 1984).
Shipperbottom, Roy, 'Fish and Chips', in *Fish: Food from the Waters,* ed. Harlan Walker

Lo, Kenneth, *Chinese Food* (London, 1972).

Lobstein, Tim, *Fast Food Facts* (London, 1988).

Lowry, H. D., 'Unknown London I: The Mysteries of Walworth Road', *Windsor Magazine* (January 1895), pp.129-36.

Lucas, Elizabeth, *A Pretty Kettle of Fish* (London, 1935).

McIntosh, Thomas P., *The Potato: Its History, Varieties, Cultures and Diseases* (London, 1927).

Martin, James, *Great British Dinners* (London, 2003).

May, Robert, *The Accomplisht Cook* (London, 1671).

Mayhew, Henry, *London Labour and the London Poor,* vol.1 [1861] (London, 1968).〔ヘンリー・メイヒュー『ヴィクトリア朝ロンドンの下層社会』ミネルヴァ書房, 2009, ヘンリー・メイヒュー『ヴィクトリア時代　ロンドン路地裏の生活誌　上・下』ジョン・キャニング編，植松靖夫訳，原書房，2011; ヘンリー・メイヒュー『ロンドン貧乏物語——ヴィクトリア時代　呼売商人の生活誌』植松靖夫訳，悠書館，2013.〕

Manz, Stefan, and Panikos Panayi, eds, *Refugees and Cultural Transfers to Britain* (Abingdon, 2013).

MINTEL, *Eating Out 1992* (London, 1992).

Moser, N., *From Sea to Table* (London, 1911).

Oddy, D. J., 'Working-class Diets in Late Nineteenth-century Britain', *Economic History Review,* XXIII (1970), pp.314-23.

O'Mara, Pat, *The Autobiography of a Liverpool Irish Slummy* (London, 1934).

O'Reilly, Karen, *The British on the Costa del Sol* (London, 2000).

Orwell, George, *The Road to Wigan Pier* [1937] in *Orwell's England* (London, 2001) pp.57-216.〔ジョージ・オーウェル『ウィガン波止場への道』土屋宏之・上野勇訳，筑摩書房（ちくま学芸文庫），1996.〕

——, 'Such, Such Were the Joys', in *Orwell's England* (London, 2001), pp.362-408.〔ジョージ・オーウェル「あの楽しかりし日々」鈴木建三訳，川端康雄編，『新装版オーウェル評論集1　象を撃つ』平凡社（平凡社ライブラリー），2009.〕

Panayi, Panikos, *An Ethnic History of Europe Since 1945: Nations, States and Minorities* (London, 2000).

——, *Immigration, Ethnicity and Racism in Britain, 1815-1945* (Manchester, 1994).

——, *An Immigration History of Britain: Multicultural Racism since 1800* (London, 2010).〔パコニス・パナイー『近現代イギリス移民の歴史——寛容と排除

Good Housekeeping Institute, *Mac Fisheries Fish Cookery* (London, 1955).

Great British Menu (London, 2006).

Greenberg, Florence, *Jewish Cookery Book,* 9th edn (London, 1988).

Greenwood, James, *Unsentimental Journeys: Or Byways of the Modern Babylon* (London, 1867).

Groom, Nick, 'William Henry Ireland: From Forgery to Fish and Chips', in *Cultures of Taste/Theories of Appetite: Eating Romanticism*, ed. Timothy Morton (London, 2004), pp.21-40.

Hackett, Sarah, 'From Rags to Restaurants: Self-determination, Entrepreneurship and Integration amongst Muslim Immigrants in Newcastle upon Tyne in Comparative Perspective, 1960s-1990s', *Twentieth Century British History*, XXIV (2013), pp.132-54.

Hall, T., *The Queen's Royal Cookery* (London, 1709).

Harben, Philip, *Traditional Dishes of Britain* (London, 1953).

Havenhand, Greville, *Nation of Shopkeepers* (London, 1970).

Hegarty, Shane, *The Irish (& Other Foreigners): From the First People to the Poles* (Dublin, 2009).

Hess, Karen, 'The Origins of French Fries', *Petits Propos Culinaires,* LXVIII (2001), pp.39-48.

Holmes, Colin, *Anti-Semitism in British Society, 1876-1939* (London, 1979).

Hughes, Colin, *Lime, Lemon and Sarsaparilla: The Italian Community in Wales, 1881-1945* (Bridgend, 1991).

Jewish Manual: Or Practical Information in Jewish and Modern Cookery with a Collection of Valuable Recipes and Hints Relating to the Toilette [London, 1846] (New York, 1983).

Jones, Trevor, and Monder Ram, 'South Asian Businesses in Retreat? The Case of the UK', *Journal of Ethnic and Migration Studies,* XXIX (2003), pp.485-500.

Kelly, Debra, and Martyn Cormick, eds, *A History of the French in London: Liberty, Equality, Opportunity* (London, 2013).

Krichauff, T.E.H.W., 'The Tercentenary of the Introduction of the Potato into England', *Journal of the Royal Horticultural Society,* XIX (1895-6), pp.224-7.

Kurlansky, Mark, *Cod: A Biography of the Fish that Changed the World* (London, 1998). 〔マーク・カーランスキー『鱈――世界を変えた魚の歴史』池央耿訳，飛鳥新社，1999，抄訳.〕

Lennon, David, 'Fish and Chips Revolution', *Europe* (October 1992).

Derwent, Charles, 'Wild About Harry's', *Management Today* (January 1991).

Dickens, Charles, *Oliver Twist* [1838] (Oxford, 1999). 〔ディケンズ『オリバー・ツイスト』唐戸信嘉訳，光文社（光文社古典新訳文庫），2020.〕

Fish Saving, A Tale of Two Cities [1859] (Oxford, 1998). 〔ディケンズ『二都物語　上・下』池央耿訳，光文社（光文社古典新訳文庫），2016.〕

Diner, Hasia R., *Hungering for America: Italian, Irish and Jewish Foodways in the Age of Migration* (London, 2001).

Dodd, George, *The Food of London* (London, 1856).

'Down Whitechapel Way', *Household Words*, I (November 1851), pp.126-31.

Endelman, Todd M., *The Jews of Britain, 1656-2000* (London, 2002).

Engels, Friedrich, *The Condition of the Working Class in England* [1845] (London, 1987). エンゲルス『イギリスにおける労働者階級の状態　上・下』浜林正夫訳，新日本出版社，2000.〕

Euromonitor, *The Hotel and Catering Industry* (London, 1982).

Fagan, Brian M., *Fish on Friday: Fasting, Feasting and the Discovery of the New World* (New York, 2006).

Findlay, Archibald, *The Potato: Its History and Culture with Descriptive List of Varieties Raised* (Cupar-Fife, 1905).

Fish Association, *The Second Report of the Committee of the Fish Association for the Benefit of the Community Respecting the Measures to be Adopted for the Supply of the Metropolis and its Neighbourhood* (London, 1813).

'Fish Diet', *All Year Round* (16 June 1883), pp.16-9.

Ford, Peter, 'Excessive Competition in the Retail Trades: Changes in the Number of Shops, 1901-1931', *Economic Journal*, XLV (1935), pp.501-8.

Francis, Sarah Elizabeth, *Ladybird Lane* (London, 1962).

Gabaccia, Donna R., *We Are What We Eat: Ethnic Food and the Making of Americans* (London, 1998). 〔ダナ・R. ガバッチア『アメリカ食文化――味覚の境界線を越えて』伊藤茂訳，青土社，2003.〕

———, 'Pizza, Pasta and Red Sauce: Italian or American', *History in Focus* II: Migration, www.history.ac.uk, accessed 1 November 2012.

Gainer, Bernard, *The Alien Invasion: The Origins of the Aliens Act of 1905* (London, 1972).

Gartner, Lloyd P., *The Jewish Immigrant in England, 1870-1914* (London, 1960).

Gerber, Hilda, *Fish Fare for South Africans* (Port Elizabeth, 1945).

Gissing, George, *Workers in the Dawn* [1880] (Brighton, 2010).

Glasse, Hannah, *The Art of Cookery Made Plain and Easy* (Edinburgh, 1781).

Blatchford, Robert, *Julie: A Study of a Girl* (London, 1900).
Blumenthal, Heston, *In Search of Total Perfection* (London, 2009).
Blythman, Joanna, *Bad Food Britain: How a Nation Ruined Its Appetite* (London, 2006).
Bolster, W. Jeffrey, *The Mortal Sea: Fishing the Atlantic in the Age of Sail* (London, 2012).
Brandon, Ruth, *The People's: Chef Alexis Soyer, A Life in Seven Courses* (Chichester, 2005).
Brown, Linda Keller, and Kay Mussell, eds, *Ethnic and Regional Foodways in the United States: The Performance of Group Identity* (Knoxville, TN, 1985).
Buettner, Elizabeth, 'Chicken Tikka Masala, Flock Wallpaper, and "Real" Home Cooking: Assessing Britain's "Indian" Restaurant Traditions', *Food and History,* VII (2009), pp.203-9.
Burnett, John, *England Eats Out: A Social History of Eating Out in England from 1830 to the Present* (London, 2004).
Burrell, Kathy, *Moving Lives: Narratives of Nation and Migration among Europeans in Post-war Britain* (Aldershot, 2006).
Butterworth, Robert D., 'The Significance of Fagin's Jewishness', *Dickensian,* CV (2009), pp.213-24.
Buxton, Moira, 'Fish Eating in Medieval England', in *Fish: Food from the Waters,* ed. Harlan Walker (Totnes, 1998), pp.51-7.
Carter, Charles, *The Complete Practical Cook* (London, 1730).
Chaloner, W. H., 'Trends in Fish Consumption', in *Our Changing Fare: Two Hundred Years of British Food Habits*, eds. T. C. Barker, J. C. McKenzie and John Yudkin (London, 1966), pp.94-114.
Chatchip, *The Fish Frier and His Trade* (London, 1924).
Collingham, Lizzie, *Curry: A Biography* (London, 2005). 〔リジー・コリンガム『インドカレー伝』東郷えりか訳，河出書房新社（河出文庫），2016.〕
The Compleat Cook or the Whole Art of Cookery (London, 1694).
Contini, Mary, *Dear Francesca: An Italian Journey of Recipes Recounted with Love* (London, 2003).
Cowen, Anne, and Roger Cowen, *Victorian Jews through British Eyes* (Oxford, 1986).
Cowen, Ruth, *Relish: The Extraordinary Life of Alexis Soyer, Victorian Celebrity Chef* (London, 2006).
Cutting, Charles Latham, 'Fish Preservation as a Factor in the Extension of Supply', in *Fish in Britain*, eds. T. C. Barker and John Yudkin (London, 1971).
——, *Fish Saving: A History of Fish Processing from Ancient to Modern Times* (London, 1955).

Freeman's Journal and Commercial Advertiser
Fried Fish Caterer Frier
Girl's Own Paper
Glasgow Herald
Guardian
Hull Daily Mail
Independent
Irish Times
Jewish Chronicle
Leicester Chronicle
Leicester Chronicle and Leicester Mercury
Leicester Journal
Leicester Mercury
Liverpool Mercury
London Standard
Manchester Courier
Manchester Guardian
Morning Chronicle Morning Post
Newcastle Courant
New York Times
North-eastern Daily Gazette
Northern Echo
Observer
Odd Fellow
Parikiaki
Punch
The Times
Trewman's Exeter Flying Post
Worcester Telegram and Gazette
Young Folks Paper

その他の刊行物

Abramson, Julia, *Food Culture in France* (London, 2007).

Acton, Eliza, *Modern Cookery, for Private Families* (London, 1865).

Acumen Marketing Group, *A Report on the Take Away Food Market in Britain* (London, 1978).

Anthias, Floya, *Ethnicity, Class, Gender and Migration: Greek Cypriots in Britain* (Aldershot, 1992).

Bailey, Adrian, *The Cooking of the British Isles* (London, 1970).〔エイドリアン・ベイリー『イギリス料理』タイムライフブックス編集部編・訳，タイムライフインターナショナル，1972.〕

Bainton, Roy, *The Long Patrol: The British in Germany* (Edinburgh, 2003).

Barker, T. C., J. C. McKenzie and John Yudkin, eds, *Our Changing Fare: Two Hundred Years of British Food Habits* (London, 1966).

Baxter, Susan Chui Chie, 'A Political Economy of the Ethnic Chinese Catering Industry', PhD Thesis, Aston University, 1988.

Beard, James, *James Beard's Fish Cookery* (London, 1955).

Bedford, Jack, *Frying Times: Reflections and Observations of Life by a Bradford Fish Frier* (Ilfracombe, 1993).

参考文献一覧

文書館資料・公的報告書

British Library, Mass Observation Online, File Report 685: 'Holidays' (May 1941).

British Library, Mass Observation Online, 'The Pub and the People: A Worktown Study By Mass Observation' (London, 1943).

Metropolitan Board of Works, *Report of the Chief Officer of the Metropolitan Fire Brigade, on the state of the Brigade, and the Fires in London during the Year 1867* (London, 1868).

——, *Report of the Chief Officer of the Metropolitan Fire Brigade, on the state of the Brigade, and the Fires in London during the Year 1888* (London, 1889).

Ministry of Agriculture, Fisheries and Food, *Report on the Marketing of Potatoes in England and Wales* (London, 1926).

Ministry of Food, *Fish Cookery* (London, 1948).

——, *The Urban Working-class Household Diet 1940 to 1949: First Report of the National Food Survey Committee* (London, 1951).

Post Office Directories of London (Kelly's), 1913, 1923, 1954, 1975, 1984.

Sea-fish Commission for the United Kingdom, *Second Report: The White Fish Industry* (London, 1936).

Sea Fish Industry Authority Fishery Economics Research Unit, *British Survey of Eating Out — Fish: July 1981—June 1982* (Edinburgh, 1983).

Third Special Report from the Select Committee on Agriculture with Report from the Sub-committee on Fisheries (London, 1968).

White Fish Authority, *Fifth Annual Report and Accounts for the Year ended 31 March 1956* (London, 1956).

新聞・雑誌

Age and Argus

Bell's Life in London and Sporting Chronicle

Chambers's Edinburgh Journal

City Press

Daily Express

Daily Mail

Daily Mirror

Daily News

Economist

Era

Financial Times

Fish Friers Review

Fish Trader

Fish Traders' Weekly

Fish Trades Gazette

や行

ら行

わ行

ま行

さ行

た行

は行

わ行

人名索引

あ行

か行

ま行

な行

は行

さ行

た行

事項・地名索引

"Eddy's Fish Shop" Norman Cornish

●著者略歴

パニコス・パナイー（Panikos Panayi）

1962年ロンドン生まれ。デ・モントフォート大学ヨーロッパ史教授。研究分野はイギリス移民史、ドイツ近代史、第一次世界大戦史、食文化史と幅広く、*Migrant City: New History of London* (2020), *Germans as Minorities during the First World War* (2014), *Spicing up Britain: The Multicultural History of British Food* (2008) など多数の著作がある。既刊の邦訳書として『近現代イギリス移民の歴史――寛容と排除に揺れた200年の歩み』（人文書院）がある。

●訳者略歴

栢木清吾（かやのき・せいご）

1979年大阪生まれ。神戸大学総合人間科学研究科博士後期課程修了。現在、同大学国際文化学研究推進センター研究員。翻訳者。専門は移民研究、カルチュラル・スタディーズ。著書に『ふれる社会学』（共著、北樹出版）、『出来事から学ぶカルチュラル・スタディーズ』（共著、ナカニシヤ出版）など。翻訳書に、ニケシュ・シュクラ編『よい移民』（創元社）、アーロン・S・モーア『「大東亜」を建設する』（共訳、人文書院）などがある。

フィッシュ・アンド・チップスの歴史《れきし》
英国《えいこく》の食《しょく》と移民《いみん》

2020年9月20日　第1版第1刷発行
2020年11月20日　第1版第3刷発行

著　者……………………………………………
パニコス・パナイー
訳　者……………………………………………
栢　木　清　吾
発行者……………………………………………
矢　部　敬　一
発行所……………………………………………
株式会社　創　元　社
〈本社〉〒541-0047 大阪市中央区淡路町4-3-6
Tel.06-6231-9010㈹
〈東京支店〉〒101-0051 東京都千代田区神田神保町1-2 田辺ビル
Tel.03-6811-0662㈹
〈ホームページ〉https://www.sogensha.co.jp/
印刷所……………………………………………
株式会社　太洋社

ISBN978-4-422-20343-0 C1322